古典文獻研究輯刊

三九編

潘美月・杜潔祥 主編

第 22 冊

莊有可《禮記集說》點校(中)

薛超睿、徐清　整理

國家圖書館出版品預行編目資料

莊有可《禮記集說》點校（中）／薛超睿、徐清　整理 -- 初
版 -- 新北市：花木蘭文化事業有限公司，2024〔民113〕
目 2+158 面；19×26 公分
（古典文獻研究輯刊 三九編；第 22 冊）
ISBN 978-626-344-942-8（精裝）
1.CST：（清）莊有可 2.CST：禮記集說 3.CST：注釋
011.08　　　　　　　　　　　　　　　　　　113009815

ISBN-978-626-344-942-8

9 786263 449428

古典文獻研究輯刊
三九編　第二二冊　　　　　ISBN：978-626-344-942-8

莊有可《禮記集說》點校(中)

作　　　者　薛超睿、徐清（整理）
主　　　編　潘美月、杜潔祥
總　編　輯　杜潔祥
副總編輯　楊嘉樂
編輯主任　許郁翎
編　　　輯　潘玟靜、蔡正宣　美術編輯　陳逸婷
出　　　版　花木蘭文化事業有限公司
發　行　人　高小娟
聯絡地址　235 新北市中和區中安街七二號十三樓
　　　　　　電話：02-2923-1455／傳真：02-2923-1452
網　　　址　http://www.huamulan.tw 信箱 service@huamulans.com
印　　　刷　普羅文化出版廣告事業
初　　　版　2024 年 9 月
定　　　價　三九編 65 冊（精裝）新台幣 175,000 元

莊有可《禮記集說》點校（中）

薛超睿、徐清 著

目次

禮記卷十　禮器

　　器者，適用之謂，指禮之已行而有成效者，蓋《禮運》語其達也，《禮器》
語其成也，有體與用之別。

　　禮器是故大備。大備，盛德也。禮釋回，增美質；措則正，施則行。
其在人也，如竹箭之有筠也；如松柏之有心也。二者居天下之大端矣。
故貫四時而不改柯易葉。故君子有禮，則外諧而內無怨，故物無不懷
仁，鬼神饗德。

　　禮器者，言禮之行如器，無不適用也；大備，無少欠缺也，禮無不適用，
則無少欠缺矣；行禮而能大備，斯動容周旋無不中禮，故又曰大備盛德也；釋
猶去也，回，邪僻也，質，樸也，增美質，言因自然之質而加美也，措，置也，
行，無礙也，措則正禮之體也，施則行禮之用也；筠，竹節也，見於外而有限
制者，心則主於中而堅致者，禮之大端如是而已；貫猶歷也，內無怨，禮主自
卑，嫌若有怨也，懷，歸也。

　　先王之立禮也，有本有文。忠信，禮之本也；義理，禮之文也。無
本不正，無文不行。

　　立禮，謂制禮以行之；義，謂與意慮相宜，理，謂有端委可循，非止形名、
度數之末也。

　　禮也者，合於天時，設於地財，順於鬼神，合於人心，理萬物者也。
是故天時有生也，地理有宜也，人官有能也，物曲有利也。故天不生，
地不養，君子不以為禮，鬼神弗饗也。居山以魚鱉為禮，居澤以鹿豕為
禮，君子謂之不知禮。

人官，人之五官也，能，如耳能聽、目能視也，曲，物之不直，遂處亦即利之所在也；有生則有不生，有宜則有不宜，有能則有不能，有利則有不利，不生非其時物也，不養非其土宜也，弗饗即不順之故。

故必舉其定國之數，以為禮之大經，禮之大倫。以地廣狹，禮之薄厚，與年之上下。是故年雖大殺，眾不匡懼。則上之制禮也節矣。

定國之數，謂建國之制，其隆殺各依命數也；經，常法也，倫猶例也；年之上下，豐凶無常也，殺猶凶也；匡同恇，猶恐也，節，限制也。

禮，時為大，順次之，體次之，宜次之，稱次之。堯授舜，舜授禹；湯放桀，武王伐紂，時也。《詩》云：「匪革其猶，聿追來孝。」天地之祭，宗廟之事，父子之道，君臣之義，倫也。社稷山川之事，鬼神之祭，體也。喪祭之用，賓客之交，義也。羔豚而祭，百官皆足；大牢而祭，不必有餘，此之謂稱也。

時，天運也，順謂循其理也，體如支體之湊合而各有分別也，宜、稱相似而有大小之差，稱謂適如其度數也；革，改革也，猶，道也，引詩言非欲改道自專，庶幾竭力以不失孝耳，以明時運當然，非擅為改變也；倫猶理也，理有尊親貴賤之殊，所以為順也；體者，據其神之本以為大小祀之差；義者，有不如是則不宜也；羔豚，小祀所用，百官，與祭之人，小無不足，大無有餘，則適得其平矣，此以禮分五等之差，自大端而漸細分之有如此也。

諸侯以龜為寶，以圭為瑞。家不寶龜，不藏圭，不臺門，言有稱也。

諸侯有保土之重，宜須占詳吉凶，故得以龜為寶；圭，命圭也，所以合符於天子，通信於鄰國，故得以圭為瑞，《書》云輯五瑞是也；兩邊築闕為基，基上起屋曰臺門，《爾雅》云闍者謂之臺，門之有臺，所以壯國體也，此又申上稱次之義。

禮，有以多為貴者：天子七廟，諸侯五，大夫三，士一。天子之豆二十有六，諸公十有六，諸侯十有二，上大夫八，下大夫六。諸侯七介七牢，大夫五介五牢。天子之席五重，諸侯之席三重，大夫再重。天子崩，七月而葬，五重八翣；諸侯五月而葬，三重六翣；大夫三月而葬，再重四翣。此以多為貴也。

以下八節承上更廣言稱之事，豆數皆饗餕、食饗大禮，堂上所陳，凡大夫皆主卿言，重，蓋猶俗言條也，筵一席四為五重，席四者，凡席皆重，故天子

有二加席，見《周官》；葬五重，以棺言，水兕革為二重，又杶一梓二也，三重無水兕革，再重無杶，翣，柳翣也，天子有龍、黼黻畫各二，諸侯無龍，大夫無黼。

有以少為貴者：天子無介；祭天特牲；天子適諸侯，諸侯膳以犢；諸侯相朝，灌用鬱鬯，無籩豆之薦；大夫聘禮以脯醢；天子一食，諸侯再，大夫、士三，食力無數；大路繁纓一就，次路繁纓七就；圭璋特，琥璜爵；鬼神之祭單席。諸侯視朝，大夫特，士旅之。此以少為貴也。

天子無介，無客禮也，其實亦有擯相，記者舉一端言耳；灌，禮賓也，敬之如神，故以接神之禮，《周官・大行人》王禮諸侯，有再祼、一祼，禮以脯醢，亦謂以醴禮之；一食、再食、三食，謂告飽也，告飽之後，勸亦更食，尊者以德為飽，不尚多食也；食力，謂農工商自食其力者；大路，路中猶大駕六馬者，《周官・巾車》玉路，樊纓，十有二就，樊，馬絡首也，其纓十二就，謂之繁纓，繁，多也，纓莫多於十二就，故《左傳》云繁纓以朝也，車馬、纓就各從命數，尊可統卑，故天子之纓至三就而止，若止一九，乃下士之制，非天子所宜有，且既云繁纓，亦必非一就矣，後人繁讀若鞶，又為馬大帶，與《周官》之樊不同，亦與《左傳》繁纓異，然未知果字誤，或通用否；次路亦未詳何路，若七路當象路也，然與《書・顧命》異，《顧命》次路則五就革路也；圭璋特，朝聘以為瑞，無幣帛也；琥璜爵者，天子諸侯用，此二玉以將酬爵之幣也；單席非尸席，若宗廟之事，則室中筵几於奧者神之，故不重也；特，特揖也，旅以等，眾揖之也。

有以大為貴者：宮室之量，器皿之度，棺槨之厚，丘封之大。此以大為貴也。

量言所容，度言所至，亦互備也。

有以小為貴者：宗廟之祭，貴者獻以爵，賤者獻以散，尊者舉觶，卑者舉角；五獻之尊，門外缶，門內壺，君尊瓦甒。此以小為貴也。

凡觴一升曰爵，二升曰觚，三升曰觶，四升曰角，五升曰散；貴賤以位言，尊卑以體言，獻謂獻之於尸，賓舉則舉而自飲也，五獻蓋謂當時享聘卿之禮，《左傳》鄭享趙孟，具五獻之籩豆是也；壺容一石，瓦甒容五斗，缶容不詳。

有以高為貴者：天子之堂九尺，諸侯七尺，大夫五尺，士三尺；天

子、諸侯臺門。此以高為貴也。

天子堂高當十二尺，以下各從命數，此亦約舉之詞。

有以下為貴者：至敬不壇，掃地而祭。天子諸侯之尊廢禁，大夫、士棜禁。此以下為貴也。

祭天地有圜丘、方丘，五帝於四郊亦有兆，此言不壇，恐亦非也；廢，去也，有足曰禁，無足曰棜，皆承尊者。

禮有以文為貴者：天子龍袞，諸侯黼，大夫黻，士玄衣纁裳；天子之冕，朱綠藻十有二旒，諸侯九，上大夫七，下大夫五，士三。此以文為貴也。

天子大裘用十二章，雖祭宗廟，止九章，所以尊天，且為先祖所厭，不敢用盛服也；諸侯、大夫、士之服，亦各從命數；天子之冕用五采藻，諸侯三采，孤卿有冕三旒，士無冕服，皆見《周官》，記者約舉不能律以先王之制，不可盡從。

有以素為貴者：至敬無文，父黨無容，大圭不琢，大羹不和，大路素而越席，犧尊疏布鼏，樿杓。此以素為貴也。

無文，篤於誠也，無容，篤於愛也；大圭長三尺，杼上終葵首，天子之笏也；琢當為篆，或古通也；大羹，肉汁也，不和，無鹽梅也；大路，即前大路，素無飾也，越席，蒲席也，犧尊蓋即獻尊，疏，粗也，鼏，覆也，樿，木白理也，杓同勺，然周製玉路以祀，未聞有素者；八尊以疏布鼏，以其下於祼彝，故不以畫布爾，非以素為貴也。

孔子曰：「禮，不可不省也。」禮不同，不豐、不殺，此之謂也。蓋言稱也。

省，察也，此引孔子語以為證也。

禮之以多為貴者，以其外心者也；德發揚，詡萬物，大理物博，如此，則得不以多為貴乎？故君子樂其發也。

外心，用心於外，其德在表也；詡猶普也，徧也，發猶見也，天子諸侯居得為之位，操可致之勢，德之發揚，可以周徧萬物，其理所成者大，則用物宜博，故以多為貴也。

禮之以少為貴者，以其內心者也。德產之致也精微，觀天子之物無可以稱其德者，如此則得不以少為貴乎？是故君子慎其獨也。

內心，用心於內，其德無跡也；德產之致精微，謂以德致其感格，較之以物產致報更為精微，故物無可稱也；慎其獨，則必篤恭而不顯矣，言多少則大小、高下、文素亦然。

古之聖人，內之為尊，外之為樂，少之為貴，多之為美。是故先生之制禮也，不可多也，不可寡也，唯其稱也。

內外以心言，多少以物言；以為尊，故主於貴，以為樂，故主於美也；不可多，非殺也，不可寡，非豐也。

是故，君子大牢而祭，謂之禮；匹士大牢而祭，謂之攘。

匹士，匹夫也；攘，非其有而取之，言不稱也，尚何樂與美之有？

管仲鏤簋朱紘，山節藻梲，君子以為濫矣。

鏤，刻而飾之也，紘，以組為之，所以繫冠弁冕者，從下屈而上，屬於兩旁，垂餘為緌；栭謂之節，柱頭斗栱也，梁上楹謂之梲，梁上侏儒也，鏤朱、山藻皆天子之制；濫，溢也，言僭上也。

晏平仲祀其先人，豚肩不揜豆；浣衣濯冠以朝，君子以為隘矣。

豚肩不揜豆，並豚兩肩不能揜豆也，周人貴肩，故以肩言，肩本在俎，云豆極形其小，非在豆也，特豚，庶人之薦；衣冠澣濯亦太儉也；隘，狹陋也，言逼下也。

是故君子之行禮也，不可不慎也；眾之紀也，紀散而眾亂。孔子曰：「我戰則克，祭則受福。」蓋得其道矣。

紀，絲縷之數，紀一定則眾目各有條理，故紀散而眾亂，以見禮為百行之總，而行之不可不慎也；得道言稱也，引孔子之言以見二子之溢、隘皆非也，我，我知禮者也。

君子曰：祭祀不祈，不麾蚤，不樂葆大，不善嘉事，牲不及肥大，薦不美多品。

言所以祭祀之故，非為此六者也。祈，求也，謂求福也，麾，快也，齊人謂快為麾，蚤，先時也，葆同保，葆大，保世滋大也，嘉事如冠昏之事，及，汲汲之意。此六者皆祭之所重，然而祭祀之故不在此者，禮以稱為貴也。

孔子曰：「臧文仲安知禮！夏父弗綦逆祀，而弗止也。燔柴於奧，夫奧者，老婦之祭也，盛於盆，尊於瓶。

夏父，氏，弗綦，名，魯文公時為宗伯，逆祀，躋僖公也，此非孔子之言，

乃記者讀《春秋》不熟而為之詞也；奧，廟室中西南隅藏神主處，即祧也，燔柴於奧，蓋炳蕭合膻薌之意，然非禮矣，蓋凡五祀，設主而迎祭於奧，皆室人親薦，而使婦人之老主其事，食則盛於盆，酒則尊於瓶，則有燔柴於奧之禮，大祫，合祀群公，典禮甚巨，無是禮也，然老婦之祭，亦不可深詳矣。

禮也者，猶體也。體不備，君子謂之不成人。設之不當，猶不備也。」禮有大有小，有顯有微。大者不可損，小者不可益，顯者不可掩，微者不可大也。故《經禮》三百，《曲禮》三千，其致一也。未有入室而不由戶者。

體如人之支體，不可殘闕，而又有上下、左右、前後之殊；微者，幽隱之義，不可大，言不宜表著也；詳言四不可，所以申明設之宜當；經，大綱也，致猶要歸也，一謂誠也，入室必由戶，言雖三百三千，必本於誠也。

君子之於禮也，有所竭情盡慎，致其敬而誠若，有美而文而誠若。

竭情盡慎，致其敬誠之，存於中也，美而文誠之，發於外也。若，如也，竭情盡慎，致其敬，則以少、小、下、素為貴；美而文，則以多、大、高、文為貴，而誠適如之，即所謂稱也。

君子之於禮也，有直而行也，有曲而殺也，有經而等也，有順而討也，有撕而播也，有推而進也，有放而文也，有放而不致也，有順而摭也。

此又承上廣陳禮意之不同。直而行，如至敬無文，父黨無容之類；曲而殺，若父在為母服期之類；經，常也，等，同等也，經而等，如父母之喪無貴賤一之類；討，除去也，順而討，謂以次降殺；摭，取也，順而摭句當在「順而討」下，或脫誤也，順而摭，謂以次加隆也，順討、順摭，如隆殺以兩之類；撕，芟也，播，棄也，猶退也，撕而播，若推而遠之；推而進，若引而近之；放猶模仿，謂因類比例也；文，飾有餘也，不致，情不至也。

三代之禮一也，民共由之。或素或青，夏造殷因。

一謂上九事，三代同也，其質而加文，如素加為青，蓋造者從質，因者趨文，物理之自然也。

周尸尸，詔侑武方；其禮亦然，其道一也。

武當為無，聲之誤也，此即周之尸禮，以見義也；詔侑，尸者祝也，夏止立尸，至殷尸尸矣，乃周又不止尸尸，且有無方之詔侑，言彌文也；其禮亦然，

亦猶素之加為青也，其道一者，其致愛致慤之道則一也。

夏立尸而卒祭；殷尸尸。周旅酬六尸，曾子曰：「周禮其猶醵與！」

夏禮質，以尸是人，不可久坐神位，故唯飲食暫坐，非飲食則尸立以至祭竟也；殷因夏禮，損其不坐而益為常坐，已文矣；周又因殷而益之，於是六尸與旅酬焉，旅酬者，羞獻也，凡祭，天子正獻止於始祖，正獻後加獻始及世室之尸，加獻後羞獻始及六廟之尸，羞獻後爵無算，則及配享之臣矣；周制惟大禘及肆享，六尸盡會於太廟，詳《周官指掌》；醵，合錢飲酒也。曾子之意，言周之祭禮，先祖與群廟雖有尊卑、親疏之別，獻酬與旅雖有先後、詳略之分，而其合歡致敬，則未嘗不周而徧也，記者引之以明周雖文盛，而情實有不容已，又以申上禮然道一之義。

君子曰：禮之近人情者，非其至者也。郊血，大饗腥，三獻爓，一獻孰。

郊謂祀五人官，大饗自十二獻至五獻皆是；三獻，士大夫之禮也，一獻，燕與鄉射飲之禮也；血，始殺而以血祭也，腥，生肉，天子、諸侯、孤卿所以禮人鬼、賓客；爓，沉肉於湯也，三命以下賤者之禮，孰則人事飲食之常，尊卑、貴賤之所同也，禮以嚴為敬，則近人情者褻也。

是故君子之於禮也，非作而致其情也，此有由始也。是故七介以相見也，不然則已慤。三辭三讓而至，不然則已蹙。故魯人將有事於上帝，必先有事於頖宮；晉人將有事於河，必先有事於惡池；齊人將有事於泰山，必先有事於配林。三月繫，七日戒，三日宿，慎之至也。故禮有擯詔，樂有相步，溫之至也。

作，矯揉造作也，君子於禮，非有造作而強致人情以從之也；有由始者，皆出於人情之自然也，如七介以相見，三辭三讓而至，似乎繁曲，然其始由於賓主相接，不可未同而言，不可徑情不讓，乃人情之自然耳；慤，願也，蹙，迫也，頖宮，魯國學名，必先有事者，先於此習儀，且擇士如天子之習射於澤也，惡池，池名，其地未詳，配林，林名，在今山東萊蕪縣，繫，繫牲於牢也，戒，散齋也，宿，致齋也，擯以道儀，詔以達意，歌之終相以治亂，舞之始步以見方，溫，古醞字，言醞藉也。

禮也者，反本修古，不忘其初者也。故凶事不詔，朝事以樂。醴酒之用，玄酒之尚。割刀之用，鸞刀之貴，莞簟之安，而稾鞂之設。是故，

先王之制禮也，必有主也，故可述而多學也。

　　詔，告也，凶事不詔，哭泣由中非由人也；朝事以樂，謂養賢以樂，樂之若鄉飲、鄉射及養老，皆有樂也，二者皆所以達人哀樂之性，所謂反本也；鸞刀，刀有鈴者，秙同秸，穗去實也，稾秙，以稈稾為席也，玄酒、鸞刀、稾秙皆古人所用，今猶尚之、貴之、設之，三者所謂修古也，主即本與古也。

　　君子曰：無節於內者，觀物弗之察矣。欲察物而不由禮，弗之得矣。故作事不以禮，弗之敬矣。出言不以禮，弗之信矣。故曰：「禮也者，物之致也。」

　　節者即物自然而為之制也，內謂心也，察，辨也，致，至極也。

　　是故昔先王之制禮也，因其財物而致其義焉爾。故作大事，必順天時，為朝夕必放於日月，為高必因丘陵，為下必因川澤。是故天時雨澤，君子達亹亹焉。

　　禮以貨財為用，然有其禮無其財，君子弗行也，故因其財物而致其義焉耳；先王制禮，因天地萬物之自然，君子體道，法化機生生之不息，故觀天時雨澤而達，於禮之當亹亹而不倦也。

　　是故昔先王尚有德、尊有道、任有能；舉賢而置之，聚眾而誓之。

　　將言事天地之禮，而先舉此者，必先成民而後致力於神也。

　　是故因天事天，因地事地，因名山升中於天，因吉土以饗帝於郊。升中於天，而鳳凰降、龜龍假；饗帝於郊，而風雨節、寒暑時。是故聖人南面而立，而天下大治。

　　因天事天，如禮燔柴栖之類，求之陽氣也；因地事地，如瘞埋血祭之類，求之血陰也；因名山升中於天，如巡守四嶽而柴望也，中即《周官‧天府》之治中，升中者，王者時巡，則必以其一方治民之功狀告於天也；吉土謂王圻，卜吉建都之地，因吉土饗帝於郊，如兆五帝於四郊，而大旅也；降、假，功成而嘉瑞應，節、時，氣和而庶徵序也。

　　天道至教，聖人至德。廟堂之上，罍尊在阼，犧尊在西。廟堂之下，縣鼓在西，應鼓在東。君在阼，夫人在房。大明生於東，月生於西，此陰陽之分、夫婦之位也。君西酌犧象，夫人東酌罍尊。禮交動乎上，樂交應乎下，和之至也。

　　天道流行，無非至教，聖人之動，無非至德，惟天道有至教，故聖人有至

德，亦承上起下詞也；應，小鼓也，房，太室之房也，月於朔後明於西，故曰生於西；周制，天子獻尊，象尊為朝踐饋食所獻，壘為諸臣所昨〔註1〕，此酌於夫人，其禮未詳；交動，謂君在阼而西酌，夫人在房而東酌也，然亦君獻畢而后夫人乃酌，非如樂之相應也，蓋止以東西行為交動耳。

禮也者，反其所自生；樂也者，樂其所自成。是故先王之制禮也以節事，修樂以道志。故觀其禮樂，而治亂可知也。蘧伯玉曰：「君子之人達，故觀其器，而知其工之巧；觀其發，而知其人之知。」故曰：「君子慎其所以與人者。」

禮言反所自生，以報本言也，樂言樂所自成，以彰德言也；禮所以約人之外，故云節事，樂所以和人之內，故云道志，事外見，志中藏也，治亂以作禮樂之時，言如舜禹之韶夏，繼治湯武之濩武、革亂也，且禮樂不獨可以觀世之治亂，亦可以辨人之愚智，蓋古人交接，止以禮樂相示，而其人已可知，故蘧伯玉以為達人善觀，而君子之與人不可不慎也；發如樞機之發，與人，即相交接也。

太廟之內敬矣！君親牽牲，大夫贊幣而從。君親製祭，夫人薦盎。君親割牲，夫人薦酒。卿、大夫從君，命婦從夫人。洞洞乎其敬也，屬屬乎其忠也，勿勿乎其欲其饗之也。納牲詔於庭，血毛詔於室，羹定詔於堂，三詔皆不同位，蓋道求而未之得也。設祭於堂，為祊乎外，故曰：「於彼乎？於此乎？」

幣，告牲至，將殺之幣，君既牽牲，不能兼執以告，故大夫贊執幣以從君，君繫牲於碑，則大夫以幣告也；制祭，制朝事之祭，盎，盎齊也，割牲，割饋食之牲，酒蓋緹齊也，緹齊、沈齊皆以酒涗者也，然天子諸侯之祭獻各從其命數，皆自君始，未有君未獻而夫人可先薦者，記欲以夫人之獻就配君之奉牲，遂若君不獻，而夫人獨獻，於文於禮皆未妥協，不可從；洞洞，虛中而無一雜物之累也，屬屬，內誠繼續而不懈也，勿勿者，恍惚之思，惟恐神之不享也；納牲之幣亦告於室，云詔於庭者，其幣埋於階間也，血以告殺，毛以告純，定，肉熟也，煮肉於羹，熟而蹙縮其體，乃有定形也，道，言也，祭者之意，恐求神而不得，故多方以詔不同位也；設祭於堂，謂尸尸於堂而行朝事以下之祭也；祊，索神而祭之名，外，廟門內視堂為外也，正祭之日，孝子不敢，必神

〔註1〕此當為酢。

之所在，故先使祝祭之於祊，或庶機遇之也，「於彼乎，於此乎」，即祭者求神莫必之意，故引之。

一獻質，三獻文，五獻察，七獻神。

察，明也，神言明之至也，古者獻禮，多寡各從其類，賓祭皆用之，記者不及九獻、十二獻，猶為未備，蓋亦舉所知耳。

大饗其王事與！三牲魚臘，四海九州島島島之美味也；籩豆之薦，四時之和氣也。內金，示和也。束帛加璧，尊德也。龜為前列，先知也。金次之，見情也。丹漆絲纊竹箭，與眾共財也。其餘無常貨，各以其國之所有，則致遠物也。其出也，肆夏而送之，蓋重禮也。

大饗，謂王合諸侯而享醴，及天子享諸侯，及兩君相朝而相享也；其王事與者，天子非展義不巡守，諸侯朝王及相朝，皆王事也；三牲魚臘及籩豆，享賓之禮物也，內金以下皆諸侯貢享天子之儀，蓋此大享本指王合諸侯而言，故美味則四海九州島島，和氣則言四時也；示和者，金本萬民之貢，示民心之和悅也；君子於玉比德，惟璧加於帛，故意主尊德也。前列以下皆庭實，前言內金，蓋首納之重民貢也，又言金次，則陳列之次第也；見情，亦謂見民情之戴上也；出，諸侯長十二獻畢，禮成而出也，肆夏，金奏九夏之一也，禮即大享之禮。

祀帝於郊，敬之至也。宗廟之祭，仁之至也。喪禮，忠之至也。備服器，仁之至也。賓客之用幣，義之至也。故君子欲觀仁義之道，禮其本也。

喪禮謂泣踊、袒襲，服器若大小斂之衣服及葬之明器之屬，用幣，吉凶賓軍皆有之。

君子曰：甘受和，白受采；忠信之人，可以學禮。苟無忠信之人，則禮不虛道。是以得其人之為貴也。

道，行也。

孔子曰：「誦《詩》三百，不足以一獻。一獻之禮，不足以大饗。大饗之禮，不足以大旅。大旅具矣，不足以饗帝。」毋輕議禮！

不學詩，無以言，然誦詩雖多，能言矣，未必能行也，故雖一獻，猶有不足；大旅祀五帝也，享帝蓋謂祀天圜丘，《周官·典瑞》四圭有邸，以祀天、旅上帝，則祀天蓋重於旅上帝也；毋輕議禮，謂禮非特不易行，亦不易言也，

蓋既不能行，即未能知其義，故不可輕議也，然語太軒輊有病，如誦詩三百而猶不足以一獻，雖多奚以為？

子路為季氏宰。季氏祭，逮暗而祭，日不足，繼之以燭。雖有強力之容、肅敬之心，皆倦怠矣。有司跛倚以臨祭，其為不敬大矣。他日祭，子路與，室事交乎戶，堂事交乎階，質明而始行事，晏朝而退。孔子聞之曰：「誰謂由也而不知禮乎？」

足偏任為跛，身倚物為倚；室事若血毛詔室之類，堂事若羹定詔堂之類，執事內外異位，以戶為限，上下異等，以階為限，止於限，相交接，則事易為力矣；質，正也，食前謂之朝，晏朝，於朝為晚也；周人祭日，以朝及闇，季氏習周之文，不達其意，徒欲其久而不能敬，非禮也，與其久而不敬，不如速而能敬之為愈，故孔子美由之知禮也。記終之以此，禮以敬為本也。

禮記卷十一　郊特牲

禮莫重於祭，祭莫重於郊，郊又以養牲為重，故即以首三字「郊特牲」名篇，其文間有與《禮器》同異處，則記者各舉所知也。

郊特牲，而社稷大牢。天子適諸侯，諸侯膳用犢；諸侯適天子，天子賜之禮大牢；貴誠之義也。故天子牲孕弗食也，祭帝弗用也。

四郊為五帝所兆，帝者，天之主宰也，祭天之五帝，必以五人帝為主，周則以后稷配；天無形，以氣運，其祀之也，燔柴升煙而已，禋，煙也，《周官·大宗伯》以禋祀祀昊天上帝，此圜丘祀於冬日至者也，其次則木火土金水五帝，即五祀也，所以用特牲者，為人帝也；貴誠者，犢小，未有牝牡之情也。

大路繁纓一就，先路三就，次路五就。

此約率之詞，不可從。大路、先路、次路，見《尚書·顧命》，五路就數見《周官·巾車》，餘詳《禮器》

郊血，大饗腥，三獻爓，一獻熟；至敬不饗味而貴氣臭也。

亦詳《禮器》，郊之所以用血者，以五行本為地佐，受形於地，故血祭與社稷同；天子加尊，以五人帝為主，實猶五人官之職也；氣臭，即血之陰氣、陰臭，與燔柴升煙亦異。

諸侯為賓，灌用鬱鬯。灌用臭也。

灌即《周官》王禮諸侯再祼之祼，臭，鬱金香艸之臭也，用臭亦敬之，而貴臭也。

大饗，尚腶修而已矣。

腶言捶肉段治之修，以修正之肉，加薑桂也；尚者，蓋亦以祭嘗之，其餘

皆腥，不食也。

大饗，君三重席而酢焉。三獻之介，君專席而酢焉。此降尊以就卑也。

此皆言饗禮也。兩君相見，皆三重席，敵也；享聘卿，蓋以介為容，賓為苟敬，則賓臣也，介又微，故專席也，介即專席，則主君雖為君，不可有加於賓，故亦專席以就之，專，單也。

饗禘有樂，而食嘗無樂，陰陽之義也。凡飲，養陽氣也；凡食，養陰氣也。故春禘而秋嘗；春饗孤子，秋食耆老，其義一也。而食嘗無樂。飲，養陽氣也，故有樂；食，養陰氣也，故無聲。凡聲，陽也。

此說非也，當刪。饗為接賓之大禮，禘尤王者之大祭，豈止論樂之有無乎？嘗祭固未曾廢樂，而以樂侑食，君與尸又皆有之，惟大夫位卑，故無樂，不得以《儀禮》之食大夫無樂，而遂謂食不用樂；至古人之飲，以水涼為上，無用熱者，惟羹乃視夏時，然又言啜不言飲也，謂飲為養陽氣，蓋並失六書之義矣。

鼎俎奇而籩豆偶，陰陽之義也。籩豆之實，水土之品也。不敢用褻味而貴多品，所以交於旦明之義也。

《周官·膳人》「鼎十有二物，皆有俎」，則非奇也，奇偶陰陽之說亦枝；四籩之實有二十二，四豆之實有二十四，此言水土之品，蓋加籩加豆不數也；水之品若菱芡芹蒲之屬，土之品若棗栗菁韭之屬；旦，明日初出，而光照天下也，交於旦明之義，即《詩》「昊天曰明，及爾出王」「昊天曰旦，及爾游衍」之義。

賓入大門而奏《肆夏》，示易以敬也。卒爵而樂闋，孔子屢歎之。奠酬而工升歌發德也，歌者在上，匏竹在下，貴人聲也。樂由陽來者也，禮由陰作者也，陰陽和而萬物得。

示易以敬者，聞金奏之聲，則知賓已至，當於心有所變易，以致敬也；屢歎之，歎其容體比禮，節奏比樂，和順自然之至也；奠酬，謂奠置酬爵時，升歌發德者，禮成於三，主人獻賓，一也，賓酢主人，二也，主人又自飲以酬，三也，至是而樂工升歌，以發賓主相得之意也；樂之在堂上者，以歌為主，在堂下者，以匏竹為主；雲貴人聲，非也，匏竹以吹非人聲乎？且瑟非人聲，亦在堂上矣；樂以聲而屬陽，禮以形而屬陰，此記者論陰陽之意，然亦

非義所重，不可泥也。

旅幣無方，所以別土地之宜而節遠邇之期也。龜為前列，先知也，以鐘次之，以和居參之也。虎豹之皮，示服猛也。束帛加璧，往德也。

旅，陳也，幣，庭實也，方，常也，別土地之宜，制貢各以所有也，節遠邇之期，六服分遠近，其朝見之期，各因之為疏數也；鐘即金也，諸侯之民，貢視圻內為略，故以金代之，而金之作器，以鐘為貴，且作鐘合律，又以表民心之和悅；或當時之制，有令諸侯鑄鐘以代金者也；居參，置庭實之中也，往，言民情之歸往也，餘見《禮器》，或詳或略，意亦大同也。

庭燎之百，由齊桓公始也。大夫之奏《肆夏》也，由趙文子始也。

禮，天子百燎，諸侯納賓奏《肆夏》，此言伯國，諸侯、大夫僭禮樂之始。

朝覲，大夫之私覿，非禮也。大夫執圭而使，所以申信也；不敢私覿，所以致敬也；而庭實私覿，何為乎諸侯之庭？為人臣者，無外交，不敢貳君也。

禮，大夫以君命聘他國，則有私覿，以執聘圭而使，既不在，不得不申己誠信也；若朝覲之事，君既親之，則大夫從君為介，無私覿之禮，其所以無是禮者，不敢也，所以不敢者，為臣止有一君，故惟有致敬於其君；若又私覿他國之君，是外交也，外交則有二君，非臣道也；庭實者，私覿之儀，記者見當時大夫從君朝覲，而別具庭實，以私覿外君，故譏之。

大夫而饗君，非禮也。大夫強而君殺之，義也；由三桓始也。

天子巡守諸侯，有享天子之禮，若君臣同國，則大夫無享君之禮也；義，宜也，三桓享君，雖不他見，而記言由三桓始，自當有其事，但中互「大夫強君殺」句，於文義微拗且晦，蓋於禮大夫雖強，君亦不得專殺，記者特以義言，又斷以春秋之義也，蓋是兩句倒裝文法。

天子無客禮，莫敢為主焉。君適其臣，升自阼階，不敢有其室也。

享禮，賓禮也，此承上明享君之非禮也。

覲禮，天子不下堂而見諸侯。下堂而見諸侯，天子之失禮也，由夷王以下。

夷王立不以次，恐諸侯不從，故下堂見諸侯，以示謙不王，自替甚矣，以見臣之不臣，又始於君之不君也。

諸侯之宮縣，而祭以白牡，擊玉磬，朱干設錫，冕而舞《大武》，乘

大路，諸侯之僭禮也。臺門而旅樹，反坫，繡黼，丹朱中衣，大夫之僭禮也。故天子微，諸侯僭；大夫強，諸侯脅。於此相貴以等，相覿以貨，相賂以利，而天下之禮亂矣。

宮懸，四面懸也，凡方望等祀，牲各從其方色，則白牡大夫亦得用，記因《閟宮》詩之白牡，不加別白而槩以為僭天子，恐誤；干，盾也，錫，傅盾背如龜者；旅，陳也，屏謂之樹，所以為門蔽，禮，天子外屏，諸侯內屏，大夫以簾，士以帷；反坫，反爵之坫也，蓋在尊南，繡黼謂中衣之領，丹朱謂中衣之緣，言或繡或黼以為領，或丹或朱以為緣也；脅，為所制也，相貴以等謂相尚以勢，相覿以貨謂相尚以財，利，便利也，相賂以利，謂相邀求以所欲得也。

諸侯不敢祖天子，大夫不敢祖諸侯。而公廟之設於私家，非禮也，由三桓始也。

魯桓公季子友，莊公母弟，僖公以其有功，賜之費以為都邑，又立桓公之廟於其邑，而孟叔宗季，乃與共祀桓公於費，蓋此本亦公廟三家，侈而據為私祀耳，其初原非設於私家，亦非三家各立一桓公廟也。

天子存二代之後，猶尊賢也，尊賢不過二代。

此說非也，周惟以宋為客，見於《詩》與《左傳》，猶虞之以丹朱為賓，蓋以所從受天下故耳，豈有二乎？其說始於公羊，作記者類不外作傳諸儒時人，故《禮運》與此皆有是說，失春秋之義矣。

諸侯不臣寓公。故古者寓公不繼世。

寓，寄也，寓公，失地之君也，失地則非君矣，以其曾為君，故不可以臣禮待也，此亦衰世之事，若其子既不能復國成君，則又何世之有？

君之南鄉，答陽之義也。臣之北面，答君也。

答陽，字不詞，君之南鄉，嚮明而已，君道豈有陰義而云答陽乎？

大夫之臣不稽首，非尊家臣，以辟君也。

諸侯出封，故得專君其國，大夫與君同國，而使其臣稽首，則嫌有二君矣；稽首禮重，惟臣於君有之，大夫臣於大夫止稱主，不稱君，且不稽首，皆避君也。

大夫有獻弗親，君有賜不面拜，為君之答己也。

不親者，使人獻於君所也；不面拜，亦止因君使拜謝，不親當君面也。

鄉人禓，孔子朝服立於阼，存室神也。

禓即儺也，室神，室中之神，若先祖、五祀，本欲逐邪驅之氣，而恐並驚正神，故嚴敬以存之也。

孔子曰：「射之以樂也，何以聽，何以射？」

樂有樂節，射有射容，能聽而後能使樂節與射容相應，能射而後能使射容與樂節相應，所謂比禮、比樂是也。

孔子曰：「士，使之射，不能，則辭以疾。縣弧之義也。」

士者能事事也，而射尤為男子之事，故生即設弧於門左，不可不能也。

孔子曰：「三日齊，一日用之，猶恐不敬；二日伐鼓，何居？」

《家語》云季桓子將祭齊三日，而二日鍾鼓之音不絕，或當時有其事，何居，怪之也。

孔子曰：「繹之於庫門內，祊之於東方，朝市之於西方，失之矣。」

《詩‧頌‧絲衣》言「自堂徂基」，則繹當在堂；庫門內，非賓尸之所也，神道尚右，則祊猶當在廟門內之西方；朝市，朝時而市，當於市之東偏。此論魯失禮之事，其禮之所由失與其時不可考矣。

社祭土而主陰氣也。君南鄉於北墉下，答陰之義也。

古者社主用樹所宜木，周則以栗，其易以石，後世事也，蓋樹在南，墉在北。

日用甲，用日之始也。

祭社日用甲，未見他書，殆非也；云用日之始，尤非。凡祭祀神示，皆用柔日，尚幽陰之義也，其有剛日，皆為尊神所壓，如《洛誥》之郊用丁，而社因用戊是也；社之用甲，或因他祭有先用癸之故，古禮闕佚，多無可考，記乃因用甲，而以為用日之始，則失其指矣。

天子大社必受霜露風雨，以達天地之氣也。

大社，圻內之社主，方千里者，其壇壝在國中前朝之右，以五色土為之封，諸侯各以其方色。

是故喪國之社屋之，不受天陽也。薄社北牖，使陰明也。

薄社，殷社也，殷都名薄；陰明，使陰方生明也，社既屋，則不可樹木為主，然則以石為社主，其喪國之社乎？後世社皆主石，蓋禮之失也。

社所以神地之道也。地載萬物，天垂象。取財於地，取法於天，是以尊天而親地也，故教民美報焉。

社所以神地道者，言古者立社祭之制，所以明地道之神也，凡物皆生於地、載於地，而其象則垂於天，故財取於地，而所以取財之法，則取之於天，如四時之早晚是也；尊天，故臣民不敢祭，惟天子為民祭之；親地，故凡民皆得竭其誠，以致報也，美謂備物以將意也。

家主中溜而國主社，示本也。

中溜，一家之土神，社，一國之土神，本猶根也，凡物所由附著以生者也，示本者，示人有所主，則不忘本也。

唯為社事，單出里。

社事，祭社也，單，盡也，里，二十五家也，里有宰，主一里之社事，單出里，一里之家，合出所當具，以祭社也。

唯為社田，國人畢作。

為社田，將祭社而先田，取禽以供祭也；云國人，主州閭而言，畢，盡也，畢作即竭作也，凡能任國田事，皆與田也。

唯社，丘乘共粢盛，所以報本反始也。

四井為邑，四邑為丘，丘共一乘，此謂一丘同乘之人合出粢盛，以祭一丘之社也，蓋國人舉鄉而言，里舉遂而言，丘乘舉甸而言，各舉一端，以互相備，以明在地者，不論在國在野，無不祭社，以盡報本反始之意，皆所以神地道也。

季春出火，為焚也。然後簡其車賦，而歷其卒伍，而君親誓社，以習軍旅。左之右之，坐之起之，以觀其習變也；而流示之禽，而鹽諸利，以觀其不犯命也。求服其志，不貪其得，故以戰則克，以祭則受福。

焚，火田也，凡菜地欲治為田，必先燒除宿茻，而可田也；簡、歷，閱數之也，誓社，誓田於社也，變即作止、馳走之節，流猶行也，流示之禽，即設驅逆之車，使即禽也；鹽，鄭氏讀豔，謂使人歆羨也，利即獲禽之利也，田之獲禽，猶戰之獲虜，有得勝取賞之意；服猶習也，凡田，大獸公之，小禽私之，失伍而獲，猶為犯命，是求服其志，不貪其得也；但出火自出火，焚田自焚田，以出火為焚田，非也，若以為然，將納火又為何事？況出火必在季春，焚田則不必定至季春也。

天子適四方，先柴。

先燔柴以告天，奉天命以治天事也。

郊之祭也，迎長日之至也。

此說非也，郊祀五帝，本五行之帝，即五祀也，長日至，冬日至也，冬日至祀昊天上帝在國中圜丘，與郊迥別。記者見魯僭天子之郊，以為祭天，而不知天子更有圜丘禋祀之禮，遂以郊與圜丘混而一之，於是祀天之典，千載聚訟，莫可究辨。

大報天而主日也。

主日者，天無象而日有象，故祀天以日為主也，此正冬日至祀天之制，與郊無涉，郊固以人帝為主者也。

兆於南郊，就陽位也。

兆，域也，即郊祭之壇，惟天子兆五帝於四郊，魯有三郊而兆在南，則東西蓋無兆矣。

掃地而祭，於其質也。

地即兆也，云兆則有壇矣，掃地而祭，嫌止除地為墠，有似不壇，非也。

器用陶匏，以象天地之性也。

此說亦非也。古者犧象不出門，嘉樂不野合，郊在野外，其祭本為農事，非用禮樂、陳器物之所，與圜中者不同。

於郊，故謂之郊。牲用騂，尚赤也；用犢，貴誠也。

若祀五帝，疑不止用騂，然其禮未詳。

郊之用辛也，周之始郊日以至。

此說更混。郊必以辛日，《春秋》可考也；圜丘必以冬日至，《周官》可考也，記混而一之，乃以周之始郊為冬至之日，適當辛日，故後之郊皆用之，而豈知圜丘之日至一定而十干無常，郊之用辛一定而非日至也。

卜郊。

天子四郊之事，春祈、夏雩、秋報、冬蠟，皆以孟月上辛，不待卜也；卜而不吉，改至中下之辛，即非禮矣。魯之僭禮，由於祭稷，因而僭及上帝，因而僭及大旅之卜日，因而僭用旅帝之禮，然而天子之郊本不用卜，天子之旅本不於郊，記者但知魯用天子之郊，而不知魯之僭禮又與天子之禮不同也，故從

而為之詞耳。

受命於祖廟，作龜於禰宮，尊祖親考之義也。

命，卜吉之命也，作，灼也，考猶禰也，此天子卜日之禮也。

卜之日，王立於澤，親聽誓命，受教諫之義也。

澤，澤宮也，中有方丘，祀地之所，誓命，誓百官之戒命也，親聽者，王亦與焉，是受教諫也；既卜得吉，而聽誓命，則當習射於澤宮，而擇與祭者矣，此天子聽誓之禮也。

獻命庫門之內，戒百官也。大廟之命，戒百姓也。

獻命，獻所當命之事於王也，庫門，魯三門之在南者，僭擬天子皋門者也，記者所言本魯之僭禮，故雖舉王而其實魯之所行，故仍言庫門也；百官，祀事有常職之官也，百姓即百族，謂凡與祭者，不必有司也，於大廟更命之，重其事，故為之申戒也。

祭之日，王皮弁以聽祭報，示民嚴上也。

皮弁，朝服也，報猶白也，夙興，朝服以待白，承祭之時也；示民嚴上者，視民嚴敬，以待祭事，為上者之道也。

喪者不哭，不敢凶服，氾掃反道，鄉為田燭。弗命而民聽上。

吉凶不相干，故民之有私喪者，不使哭聲聞於往郊之道，不使凶服出於當郊之所也；氾，廣也，反道，劃令新土，平鋪於道上也，鄉，其鄉之人也，田燭，於田首設燭照路也；民聽上，言民從上令也，弗命者，若不待命，然極言供辦疾肅也。

祭之日，王被袞以象天。

被袞，服袞衣裳九章也。此魯公之服，天子郊祀，自服大衣十二章，《周官》言大裘，即於裘加十二章之衣也，其裘制或與常裘異。

戴冕，璪十有二旒，則天數也。

冕，玄冕也，璪同藻，若十二旒則璪五采。

乘素車，貴其質也。

素車蓋本諸侯祀五人官之車，《魯頌》但言「六轡耳耳」，而不詳輅縷、鏤錫等飾，則可知當時郊帝無玉路矣，蓋即天子之郊，亦未必乘玉路，以非其地也。

旗十有二旒，龍章而設日月，以象天也。

龍章，交龍也，天子加設日月，故曰日月為常，諸侯但有交龍，故曰交龍為旗，十二旒、設日月皆天子之制。

天垂象，聖人則之。郊所以明天道也。

此記者從為之詞，其實義亦不在此，況魯之僭禮，又不盡循王制，豈足憑乎？

帝牛不吉，以為稷牛。

不吉以為字，俱不詞，王者敬天勤民，制為郊祀，帝牛豈有不吉者？記云不吉，蓋如《春秋》所載鼠食口傷之類，此非牛之不吉，乃魯之僭瀆，無王不天之所致也，豈能歸過於牛？且既不吉矣，尚可為稷牛乎？若云用稷牛為帝牛，則又苟簡矯誣極矣，而以為字，仍不白也。

帝牛必在滌三月，稷牛唯具。所以別事天神與人鬼也。

此說亦非也。《周官・充人》「祀五帝，繫於牢芻之三月，享先王亦如之，凡散祭祀之牲，繫於國門，使養之」，滌即牢也，若以稷為先王，則其牛不可唯具也，若止以為配郊之稷，則下至里社稷，固人人所可祭，稷牛即散祭祀之牲，何待為神鬼之別乎？要之魯之僭禮，本極苟簡，其帝牛之在滌，乃僭天子國中祀五帝之禮，非僭郊祀之牛也，若周公營洛而用牲於郊，其牛豈必芻三月乎？學者當知國中之禮與郊禮迥殊，則魯郊之妄自見。

萬物本乎天，人本乎祖，此所以配上帝也。郊之祭也，大報本反始也。

此說亦非也。本天、本祖而以稷配上帝，是禘禮也，非郊祀也，郊之祀稷，自古而然，特夏以前以柱配殷，以後以棄配耳；且郊之祀稷，自是為民祈穀，豈在報本反始哉？此魯人因僭附會，記者以耳食筆之耳。

天子大蜡八。伊耆氏始為蜡，蜡也者，索也。歲十二月，合聚萬物而索饗之也。

八者所祭有八神，下文司嗇等是也。伊耆氏，堯之姓號也，耆亦作祈，索求也，歲謂夏時，此十二月乃周之月，謂孟冬也，加歲字，亦不詞，當刪；物當作民，蓋書者誤也，言孟冬合聚萬民，索八神而報祭之也。

蜡之祭也：主先嗇，而祭司嗇也。祭百種以報嗇也。

種之曰稼，斂之曰嗇，先嗇，神農也，司嗇，后稷也，以先嗇為主，司嗇

配也，祭百種以報嗇者，凡祭粢盛有定品，惟祭先嗇、司嗇則百種皆陳，以報種而有嗇之功。

饗農及郵表畷，禽獸，仁之至、義之盡也。古之君子，使之必報之。迎貓，為其食田鼠也；迎虎，為其食田豕也，迎而祭之也。

農，農官，若里宰之屬，即田畯也，死則以為田祖，迎而祭之；郵表畷即鋤也，以其有屋宇，可以郵亭，故曰郵，以其有木，以表井里之畔，故曰表，以其歲時綴合耦耕之人，故曰畷；禽獸即貓虎也，迎而祭之，迎其神也。

祭坊與水庸，事也。

水庸，溝澮也，坊所以蓄水，亦以障水，水庸所以受水，亦以泄水，事謂通塞之事，因時而為之，正疆界、備旱潦者也。

曰「土反其宅」，水歸其壑，昆蟲毋作，草木歸其澤。

此蠟祭之祝詞。土反其宅者，古法一晦三甽，廣尺、深尺起其土，以為隴苗生葉，乃隤其土，反之故處，則隴漸平而苗根深也；昆蟲暑生寒死，此謂螟螣之屬，為害者；艸木，稂稗榛梗之屬，澤，藪也，艸木止生水艸之交，則不害嘉穀也。

皮弁素服而祭。

皮弁素積，朝服也，此蓋祭先嗇、司嗇之服，不言所祭，記者當時猶共知，不待詳也。

素服，以送終也。葛帶榛杖，喪殺也。

此說非也。素服本朝服，執事者所當服，以非大祭祀，又非尊者所親，故不用祭服玄衣耳；非衰非絰，又不祖免，何得以送終解之？且云葛帶，則非麻帶也，云榛杖，亦非削杖也，野人不能無帶無杖，豈必絲繫其帶，鳩函其杖乎？則葛榛亦止野人之服，非喪殺也。

蠟之祭，仁之至、義之盡也。

以上皆指祭嗇言。

黃衣黃冠而祭，息田夫也。野夫黃冠；黃冠，草服也。

黃冠即臺笠也，此享農及郵表畷以下之服，蓋鄰長、井長等服之，以祭里宰、邑宰，亦不親其事，故並不用朝服而用野服也；息，自野入邑而休也，十月納禾稼，則無復有事於野矣。

大羅氏，天子之掌鳥獸者也，諸侯貢屬焉。草笠而至，尊野服也。羅氏致鹿與女，而詔客告也。以戒諸侯曰：「好田好女者亡其國。」

貢屬者，凡諸侯鳥獸之貢，皆屬大羅氏也；艸笠即黃冠，諸侯使者所戴也，致鹿與女，即《周官》之「蠟則作羅襦，以羅表獸，以襦表女」耳；詔客告，詔使者，使歸告其君也。

天子樹瓜華，不斂藏之種也。

瓜實中瓤，華謂凡華之不實，而其華可食者，蓋二者皆不待秋霜而敗，不可斂藏之物也，天子之所樹者止瓜華，則不事蓄藏之心可見，亦所以戒聚斂也，然二句於上下文義似嫌添雜，或有闕文。

八蠟以記四方。四方年不順成，八蠟不通，以謹民財也。順成之方，其蠟乃通，以移民也。

四方謂諸侯之國，記，記歲功也，通猶行也，移民未詳，或云即《周官》大荒札之移民。

既蠟而收，民息已。故既蠟，君子不興功。

收謂斂野之積聚，皆入城邑也，功，農功也，不興功，不能興也，若宮功、土功、武功正當於收息後行之，豈能不興乎？此句詞意亦欠別白。

恒豆之菹，水草之和氣也；其醢，陸產之物也。加豆，陸產也；其醢，水物也。籩豆之薦，水土之品也，不敢用常褻味而貴多品，所以交於神明之義也，非食味之道也。

恒豆，朝事饋食之豆也，此復述前文，以廣明祭祀所用之宜，文義亦大同；薦猶實也，實於器曰實進之曰薦；神猶且也，以時曰且，尊不敢測曰神；至水陸之產，亦記者強為分別，實亦義不繫此，《周官》以五齊、七醢、七菹、三臡備醢醯百二十品，豈必區區水陸之辨乎？

先王之薦，可食也而不可耆也。卷冕路車，可陳也而不可好也。武壯，而不可樂也。宗廟之威，而不可安也。宗廟之器，可用也而不可便其利也，所以交於神明者，不可以同於所安樂之義也。

武，《大武》，萬舞也，壯，勇也，言神明貴肅敬，不同於安樂也。

酒醴之美，玄酒明水之尚，貴五味之本也。黼黻文繡之美，疏布之尚，反女功之始也。莞簟之安，而蒲越稿鞂之尚，明之也。大羹不和，貴其質也。大圭不琢，美其質也。丹漆雕幾之美，素車之乘，尊其樸

也,貴其質而已矣。所以交於神明者,不可同於所安褻之甚也。如是而後宜。

玄酒,井水也,明水,陰鑒所取於月之水也,明之者,神明之也,幾謂漆飾、沂鄂也,此亦記者一端之說,其實郊野之事,異於國中,非為尚質也。

鼎俎奇而籩豆偶,陰陽之義也。黃目,鬱氣之上尊也。黃者中也;目者氣之清明者也。言酌於中而清明於外也。

黃目,黃彝也,用承欎鬯以灌,故為尊之上者;目之精,水也,其光,火也,以水為體,故其氣清,以火為用,故其氣明。

祭天,掃地而祭焉,於其質而已矣。醯醢之美,而煎鹽之尚,貴天產也。割刀之用,而鸞刀之貴,貴其義也。聲和而後斷也。

煎,涷治之也,鹽必煎而後成;鸞刀有鈴,割則鈴聲如鸞鳴之和,故又曰聲和後斷。

冠義:始冠之,緇布之冠也。大古冠布,齊則緇之。其緌也,孔子曰:「吾未之聞也。冠而敝之可也。」

冠義,明所以冠之義也,始冠之,謂初加之冠,緇,黑色,大古,謂唐虞以上,布,白布也,齊則緇之,鬼神尚幽闇也。此言始冠所以用緇布之故,緌,冠纓飾也,古禮,緇布冠未嘗有緌,後世加緌,蓋當春秋之末,故孔子云未聞,而記者引之也;敝猶棄也,冠而敝之者,以始冠重古而冠之,至於敝則棄之,不再製矣,蓋自後冠玄冠,不論屬武不屬武,皆不缺項也

適子冠於阼,以著代也。醮於客位,加有成也。三加彌尊,喻其志也。冠而字之,敬其名也。

代謂為父後也,醮用酒與醴異,三加則醮有折俎;客位,戶西南面之位也,成,成人也,再加皮弁朝服,三加爵弁祭服也,喻,曉也,曉以成人之志,進,進無已也,古者以德詔爵,非徒以其貴也。

委貌,周道也。章甫,殷道也。毋追,夏后氏之道也。周弁,殷冔,夏收。三王共皮弁素積。

委貌即玄冠,章甫、毋追之制未聞,蓋與玄冠亦大同小異,故當時共服之,或委貌為居冠,章甫為禮冠,毋追為緇布冠也;周弁即爵弁,祭服之弁也,冔、收蓋亦祭弁之屬,然其制未詳;積,襞幅也,即帷裳,帷皮弁為朝,三王同之,再命以上,尊卑一也,然其飾亦有別,見《周官·弁師》。

無大夫冠禮，而有其昏禮。古者，五十而後爵，何大夫冠禮之有？諸侯之有冠禮，夏之末造也。

冠重成人，名之曰士，即成人之道也，故冠禮用士已足，不必有大夫冠禮也，況五十而後爵乎？昏禮則士民皆上達用雁，以昏禮本無士禮，《儀禮》士昏禮即大夫子昏禮也；末造者，衰世之所為，非禮而不當造，且不可從也。蓋天子、諸侯未冠而立，即當以喪加冠，有天下國家之重，不可以未成人之服，為父後也，當喪已冠，則又何改冠而有天子、諸侯之冠禮乎？

天子之元子，士也。天下無生而貴者也。繼世以立諸侯，象賢也。以官爵人，德之殺也。

立，立天子也，古之生民，聚族成國，聚國而又共尊其賢以為天子，故天子者，諸侯之所立也，天子崩，諸侯以其子雖未必賢，而為賢者之子，猶共立之以為天子，庶幾象賢也，是天子本無私其子而傳以天下之事也，故唐虞皆禪位，而夏殷猶象賢也；以官爵人，為德之殺者，以官職之輕重，定爵位之尊卑，以人之德有等殺也，如《書》言天子有九德，諸侯有六德，大夫有三德是矣，此明古之貴貴皆以賢，而非徒貴也。

死而諡，今也；古者生無爵，死無諡。

今謂春秋時，古謂西周盛時，爵謂為大夫，此譏周衰，爵諡不請於天子，而私諡多偽濫也，自冠義至此，皆《冠禮》記文，記者集之以述冠義耳。

禮之所尊，尊其義也。失其義，陳其數，祝史之事也。故其數可陳也，其義難知也。知其義而敬守之，天子之所以治天下也。

此記者自明釋義之故，以結上起下也

天地合而後萬物興焉。夫昏禮，萬世之始也。取於異姓，所以附遠厚別也。幣必誠，辭無不腆。告之以直信；信，事人也；信，婦德也。壹與之齊，終身不改。故夫死不嫁。

興猶生也，附，比附也，附遠，以遠而相親附也；誠，信也，辭，賓之傳書、傳命辭也，腆猶善也，無不腆，質言之不為虛謙也，齊謂共牢而食，同尊卑也。

男子親迎，男先於女，剛柔之義也。天先乎地，君先乎臣，其義一也。

先倡導也。

執摯以相見，敬章別也。男女有別，然後父子親，父子親然後義生，

義生然後禮作，禮作然後萬物安。無別無義，禽獸之道也。

摯，壻以雁，婦以棗栗、腵修也；章別，謂明以別之，男女不同物也。

壻親御授綏，親之也。親之也者，親之也。敬而親之，先王之所以得天下也。出乎大門而先，男帥女，女從男，夫婦之義由此始也。婦人，從人者也；幼從父兄，嫁從夫，夫死從子。夫也者，夫也；夫也者，以知帥人者也。

次「親之也」當作「敬之也」，字誤耳；夫也，猶言丈夫也。

玄冕齋戒，鬼神陰陽也。將以為社稷主，為先祖後，而可以不致敬乎？

冕而親迎，王侯公卿之服也，玄冕齋戒，事神之道，以交鬼神之道親迎，則重陰陽之配，至矣，然鬼神終嫌不詞，以義欠別白也。

共牢而食，同尊卑也。故婦人無爵，從夫之爵，坐以夫之齒。

牢從爵命，士則特豚是也。

器用陶匏，尚禮然也。三王作牢用陶匏。

陶，無飾瓦器，匏即瓢也，陶蓋以盛食，匏蓋以盛酒，然《士昏禮》不載，未詳所用；禮蓋古禮也，尚禮然者，後世尚古人之禮，猶如是也；作，興也，大古無共牢之禮，三王作之而用大古之器，三代不變，重夫婦之始也。

厥明，婦盥饋。舅姑卒食，婦餕餘，私之也。舅姑降自西階，婦降自阼階，授之室也。

饋，士禮則特豚也，私，猶愛也，授之室，使為家事之主也，故男以女為室。

昏禮不用樂，幽陰之義也。樂，陽氣也。昏禮不賀，人之序也。

序者，子有代父之序，婦有代姑之序也；幽陰之義，非是，昏禮重大，似宜用樂，止以嗣親有代序之道，故不忍耳，即不賀之意，若鬼神尚幽陰，何嘗不用樂乎？

有虞氏之祭也，尚用氣；血腥爓祭，用氣也。

尚謂先薦之血、腥、爓，三者皆氣而已，未嘗致味，故曰祭用氣也。

殷人尚聲，臭味未成，滌蕩其聲；樂三闋，然後出迎牲。聲音之號，所以詔告於天地之間也。

滌蕩猶震動也，闋，止也，奏樂三徧，乃迎牲入殺也；鬼神在天地間，不見不聞而不可度，惟有聲音之號，可以詔告之而來格也；號謂樂有聲，如號呼之。

周人尚臭，灌用鬯臭，鬱合鬯；臭，陰達於淵泉。灌以圭璋，用玉氣也。既灌，然後迎牲，致陰氣也。蕭合黍稷；臭，陽達於牆屋。故既奠，然後焫蕭合膻薌。

灌，灌地以降神也，鬯，秬黍所為之酒也，鬱，鬱金香艸也，圭，圭瓚，天子用以灌者，璋，璋瓚，諸侯用以灌者，蕭，香蒿也，膻，羊脂，薌即黍稷也，奠，奠灌爵也，灌訖即奠之以依神，既奠灌爵，然後迎牲而焫蕭也，焫，焚也，以蕭包羊脂及黍稷，並燒之也。

凡祭，慎諸此。魂氣歸於天，形魄歸於地。故祭，求諸陰陽之義也。殷人先求諸陽，周人先求諸陰。

氣、聲、臭皆無形，皆陽也，三代所尚不同爾，以分陰陽，非也，如禮賓用灌，蓋取香潔通神明之義，若謂求形魄於陰，將禮賓人何說乎？

詔祝於室，尸尸於堂，用牲於庭，升首於室。直祭，祝於主；索祭，祝於祊。不知神之所在，於彼乎？於此乎？或諸遠人乎？祭於祊，尚曰求諸遠者與？

詔，告也，祝，呪也，詔祝於室，若《儀禮‧少牢饋食》云「敢用柔毛、剛鬣，用薦歲事於皇祖伯某」是也；尸尸於堂，謂堂之戶西南面也，用牲，殺牲也，升首於室，升牲首於北墉下也，直，正也，於主，謂室西南隅主所藏處，即奧也，索，求神也，祊在廟門內，尚，庶幾也。

祊之為言倞也，肵之為言敬也。富也者，福也，首也者，直也。相，饗之也。嘏，長也，大也。尸，陳也。

倞，信也，祊以求神，言神之或遠或近，必有所在，非虛妄也；尸有肵俎，敬尸，故於俎有專名也；人君富有一國，故嘏詞有富之說，而人之福莫如富也，首即升首也，直，正也，首也者直也，云者以升首之意，重牲之首，為一牲正直之體，祭無矯舉，亦如之也；相即詔侑尸者，饗之也者，欲尸之安妥，故詔侑之，使享其祭也；嘏，長也，大也者，嘏詞之意，欲其福之長且大也；尸，陳也者，鬼無形，有尸則有形，陳於上，如見神之來格也。

毛血，告幽全之物也。告幽全之物者，貴純之道也。血祭，盛氣也。

祭肺肝心，貴氣主也。

　　毛以告色之全，血以告殺之幽，毛在外，血在內，中外皆善則純矣，純無不善，即楚語所云一純二精也；牲方殺即薦血，則牲之生氣猶盛，故言盛氣也，氣主，謂氣之所舍也，肺肝心，三者皆氣所宅。

　　祭黍稷加肺，祭齊加明水，報陰也。取膟膋燔燎，升首，報陽也。

　　報，求而報之也，報陰即《祭義》報魄，報陽即《祭義》報氣，膟膋，腸間脂，即膻也。

　　明水涗齊，貴新也。凡涗，新之也。其謂之明水也，由主人之潔著此水也。

　　涗猶和也，以清和濁也，明水涗齊，醴齊、醴齊皆有之，而明水取於月，尤潔清之至也；凡涗，謂盎齊以下，或以玄酒涗之，或即以清酒涗之也，新猶潔也，由主人之潔著此水者，言惟主人誠意精潔，乃能取明水於月也。

　　君再拜稽首，肉袒親割，敬之至也。敬之至也，服也。拜，服也；稽首，服之甚也；肉袒，服之盡也。

　　割，殺也，殺牲必袒臂肉露，執勞事之道也；君而親之，則為敬之至矣，敬之至則雖以君之貴，而於所尊所親，不可不屈服以從事也。

　　祭稱孝孫孝子，以其義稱也；稱曾孫某，謂國家也。祭祀之相，主人自致其敬，盡其嘉，而無與讓也。

　　稱孝孫、孝子，如《詩》「孝孫徂位，綏予孝子」之類，以其義稱者，於義不可以不孝也；稱曾孫，如《詩》「曾孫之稼」之類，謂國家，詞欠別白，周於后稷稱曾孫，以其為遠祖也，非有深義，諸侯、大夫雖始祖，未聞稱曾孫也，若外事苟非若周之於后稷，則亦不得稱曾孫矣；相謂詔侑尸也，嘉，善也，無與讓者，賓主之禮亦必有相，以告揖讓之節，若祭祀之禮，則是主人自致其敬，以求盡其善，故詔侑尸者，不告尸以讓，以尸為祖考，無所與讓也。

　　腥肆爓腍祭，豈知神之所饗也？主人自盡其敬而已矣。

　　治肉曰肆，腍，熟也，四者之祭不同，由不知神之所享，故內盡敬，外盡物也。

　　舉斝角，詔妥尸。古者，尸無事則立，有事而後坐也。尸，神象也。祝，將命也。

　　斝，彝，天子用以祼，角蓋諸侯用以祼者，妥，安坐也，詔則祝詔之矣；

古謂夏時，尸雖非神，然設之以象神，故曰神象也，祝將命者，祝為尸傳命，若神之命之也。周制既祼之後，然後迎尸，故必舉斝角，而後詔妥尸也。

縮酌用茅，明酌也。

《周官·司尊彝》醴齊縮酌，蓋五齊泛醴，二齊尤濁，必包以白茅，縮去其滓，加以明水，而後實之於酌也，《周官》不言泛齊，舉卑以見尊耳。

醆酒涗於清，汁獻涗於醆酒；猶明清與醆酒於舊澤之酒也。

醆酒，盎齊也，盎以所造之器言，醆以所酌之器言，清謂玄酒，即井水也；汁，以明火煮鬱金香艸所築之汁也，獻，獻酌也，即泛齊，《司尊彝》鬱齊獻酌是也；明即明水，舊澤之酒，蓋謂三酒也。此言酒之清濁不齊，其相涗之等又有如此者，然五齊以濁者為尊，無以齊涗齊之理，亦無以酒涗齊之事，記者詞不別白，不可盡從。

祭有祈焉，有報焉，有由辟焉。

祈如祈穀之屬，報如報社之屬，由，用也，辟謂辟除不祥，如磔攘之屬，由辟者，有故而後有是祭也。

齊之玄也，以陰幽思也。故君子三日齊，必見其所祭者。

玄謂玄冠、玄端，以陰幽思者，以陰幽之至靜，專其所致思者也，必見所祭，謂專精於思，則鬼神無不格也。

禮記卷十二　內則

內猶家也，《易大傳》曰「女正位乎內」，閨門之內，其儀有則也。疑曾子之徒所作。

后王命冢宰，降德於眾兆民。

后，君也，后王，君天下之王，即天子也；冢宰，大宰也，行之有得曰德，天子曰兆民，其實統諸侯言，以冢宰掌六典也；眾字贅，當刪。

子事父母，雞初鳴，咸盥漱，櫛縱笄總，拂髦冠緌纓，端韠紳，搢笏。左右佩用，左佩紛帨、刀、礪、小觿、金燧，右佩玦、捍、管、遰、大觿、木燧，偪，屨著綦。

盥，洗手，漱，滌口也；櫛，理髮，縱，韜髮也，以繒纚一幅長六尺，笄以固髮，以縱韜髮作髻，橫施笄於髻中也；總，束髮本也，裂繒為之，垂後為飾；髦，用髮為之，象幼時髻，子事父母之飾，制未聞；拂，拂塵也，冠，加冠也，緌，冠纓下垂者，結纓固冠，餘為飾也；端，玄端服，韠，蔽膝，紳，大帶也，搢，扱也，笏，手板，扱之於紳，以記事也；佩猶備也，亦繫於紳，用，所當用者，即下目也，必佩之，備尊者使令也；紛帨，拭物巾，刀，小刀，礪，礱也，觿如椎，以象骨為之，或用角，小觿，解小結者，金燧，火鏡，以取火於日；玦，決也，以骨為之，以句弓弦；捍，臂韝，以韋為之，一名拾，亦名遂，管，筆彄遰刀鞞也，大觿，解大結者，木燧，鑽火也；偪，邪幅，一名行縢，綦，屨繫也，著謂繫之。

婦事舅姑，如事父母。雞初鳴，咸盥漱，櫛縱，笄總，衣紳。左佩紛帨、刀、礪、小觿、金燧，右佩箴、管、線、纊，施縏帙，大觿、木

箴、衿纓，綦屨。

笄，簪也，長尺二寸，與男子冠中笄異，而與弁笄相似；衣紳，衣而加紳也，箴以引線為縫者，線，纓也，纊，綿也；施猶加也，繁，小囊也，帙，刺也，施繁帙以貯箴管線纊也；衿，小帶，所以結纓，纓，香囊，所以佩容臭者。

以適父母舅姑之所，及所，下氣怡聲，問衣燠寒，疾痛苛癢，而敬抑搔之。出入，則或先或後，而敬扶持之。進盥，少者奉盤，長者奉水，請沃盥，盥卒授巾。問所欲而敬進之，柔色以溫之，饘酏、酒醴、芼羹、菽麥、蕡稻、黍粱、秫唯所欲，棗、栗、飴、蜜以甘之，堇、荁、枌、榆兔薧濡滫以滑之，脂膏以膏之，父母舅姑必嘗之而後退。

怡，悅也，苛，疥也，抑，按也，搔，摩也，盤，承盥水者；溫，和厚也，謂親昵熟復之也；饘，乾粥，酏，薄粥，芼羹，以菜雜肉為羹也，蕡，熬枲實，秫，黏粟，堇，苦堇，荁，堇類，冬用堇、夏用荁，榆，白日枌，兔，新生者，薧，乾也，滫，粉麵，秦人謂溲曰滫，齊人謂滑曰滫，凝者為脂，釋者為膏，必嘗之而後退敬也。

男女未冠笄者，雞初鳴，咸盥漱，櫛縰，拂髦總角，衿纓，皆佩容臭，昧爽而朝，問何食飲矣。若已食則退，若未食則佐長者視具。

總角，束髮為角也，容臭，香物也，以臭物可以修飾形容，故謂之容臭，以纓佩之，為迫尊者，給小使也；昧爽，將旦未旦之時，昧爽而朝，後成人也，具，饌也。

凡內外，雞初鳴，咸盥漱，衣服，斂枕簟，灑掃室堂及庭，布席，各從其事。孺子蚤寢晏起，唯所欲，食無時。

斂，收也，簟，臥席也，斂之，晝夜異用也，席，坐席，或以待客至也，事，所當為之事也。

由命士以上，父子皆異宮。昧爽而朝，慈以旨甘，日出而退，各從其事，日入而夕，慈以旨甘。

命士，謂一命之士，惟比長不與，閭胥、里宰皆是也；異宮者，子為命士，則與父異宮也；朝即晨省，夕即昏定也，慈，愛也，愛其親者，弗崇虛敬，必有旨甘，以申意也，事，公事也。

父母舅姑將坐，奉席請何鄉；將衽，長者奉席請何趾。少者執床與坐，御者舉幾，斂席與簟，縣衾篋枕，斂簟而襡之。

將衽，謂更臥處，晝時偃息，無常處也；席與床，臥具也，坐與幾備時有
起坐，當式憑也，老者便安無常，故有此事；篋，匣也，襡，韜也，須臥乃布
之枕簟，切身恐有塵穢也，此皆晝臥所用，故起則懸之、篋之、襡之。

父母舅姑之衣衾簟席枕幾不傳，杖屨只敬之，勿敢近。敦牟卮匜，
非餕莫敢用；與恒食飲，非餕，莫之敢飲食。

傳，移也，祗，致也；敦牟，黍稷器，卮匜，酒漿器；與同預，恒食飲，
謂日常食飲也，非餕莫敢飲食，不敢先擅飲食也。

父母在，朝夕恒食，子婦佐餕，既食恒餕，父沒母存，冢子御食，
群子婦佐餕如初，旨甘柔滑，孺子餕。

子婦，長子及其婦也，佐猶侑也，佐餕在旁，勸食而且盡其餘也；恒餕者，
每食必盡之，末有原也，御，侍也，獨食恐傷母心，故長子侍食也。

在父母舅姑之所，有命之，應唯敬對。進退周旋慎齊，升降出入揖
遊，不敢噦噫、嚏咳、欠伸、跛倚、睇視，不敢唾洟；寒不敢襲，癢不
敢搔；不有敬事，不敢袒裼，不涉不撅，褻衣衾不見裏。父母唾洟不見，
冠帶垢，和灰請漱；衣裳垢，和灰請浣；衣裳綻裂，紉箴請補綴。五日，
則燂湯請浴，三日具沐，其間面垢，燂潘請靧；足垢，燂湯請洗。少事
長，賤事貴，共帥時。

應唯，無諾也，敬對，無少隱也；齊猶整也，尊者之側，進退周旋，固當
慎齊；至升降於階，出入門戶，或見同等而揖；從尊者而遊，亦無在不慎齊也；
噦，逆氣也，噫，歎氣也，嚏，噴鼻也，咳，嗽聲也，欠，張口散氣也，伸，
整腰背也，跛，足偏任也，倚，身倚物也，睇視，目偏合邪視也，唾，口液也，
洟，鼻液也；襲，加衣也，敬事，如習射之類，袒裼所以便事，若以勞倦而袒
裼，則不敬矣；涉，涉水也，撅，揭衣也，非涉而撅，亦不敬也；不見裏，嫌
穢褻也，唾洟不見，勤刷去之，不使見也；漱、澣皆洗也，和，漬也，綻猶解
也，紉箴，以線加箴也，燂，溫也，潘，米瀾也，靧，洗面也，帥，循也，時，
是也。

男不言內，女不言外。非祭非喪，不相授器。其相授，則女受以篚，
其無篚則皆坐奠之而後取之。外內不共井，不共湢浴，不通寢席，不通
乞假，男女不通衣裳，內言不出，外言不入。男子入內，不嘯不指，夜
行以燭，無燭則止。女子出門，必擁蔽其面，夜行以燭，無燭則止。道

路：男子由右，女子由左。

不言內、不言外，男女異事，不可侵越，非但示有別也；祭事嚴，喪事遽，授器或不嫌也；坐奠，跪置於地也，而後取者，俟奠者起去而後取者，乃跪取之也；湢，浴室也，不共井，嫌同汲也，不共湢浴，嫌相褻也，不通寢席，嫌相親也，不通乞假，嫌往來也，不通衣裳，惡淆雜也，不出不入，嫌相關涉也；嘯，蹙口小聲，嫌有隱使也，指，嫌有私窺也，擁，障也。此總言男女有別之事，內外泛言之，男女則切言之也。

子婦孝者、敬者，父母舅姑之命，勿逆勿怠。若飲食之，雖不耆，必嘗而待；加之衣服，雖不欲，必服而待；加之事，人代之，己雖弗欲，姑與之，而姑使之，而後復之。

必勿逆，乃可為孝，必勿怠，乃可為敬；待，待後命也；加之事，人代之者，初使子婦為其事，後又使人代之也；弗欲，不願人代也，復，復身為之也，此為孝敬之子婦言也。

子婦有勤勞之事，雖甚愛之，姑縱之，而寧數休之。子婦未孝未敬，勿庸疾怨，姑教之；若不可教，而後怨之；不可怨，子放婦出，而不表禮焉。

縱猶聽也、任也，言姑勤勞之，不可因愛而不勤勞也，數休之則亦不至勤勞矣；怨，譴責也，表猶明也，猶為之隱，不明其犯禮之過也，此為慈愛子婦者言也。

父母有過，下氣怡色，柔聲以諫。諫若不入，起敬起孝，說則復諫；不說，與其得罪於鄉黨州閭，寧孰諫。父母怒、不說，而撻之流血，不敢疾怨，起敬起孝。

起猶更也，起敬孝，言孝敬之心有加無已也；孰，古熟字。

父母有婢子若庶子、庶孫，甚愛之，雖父母沒，沒身敬之不衰。子有二妾，父母愛一人焉，子愛一人焉，由衣服飲食，由執事，毋敢視父母所愛，雖父母沒不衰。子甚宜其妻，父母不說，出；子不宜其妻，父母曰：「是善事我。」子行夫婦之禮焉，沒身不衰。

婢子所通賤人之子，或云即侍女也，《檀弓》「使二婢子夾我」；由，自也，宜猶善也。

父母雖沒，將為善，思貽父母令名，必果；將為不善，思貽父母羞

辱，必不果。

貽，遺也；果，決也。

舅沒則姑老，冢婦所祭祀、賓客，每事必請於姑，介婦請於冢婦。舅姑使冢婦，毋怠、不友、無禮於介婦。舅姑若使介婦，毋敢敵耦於冢婦，不敢並行，不敢並命，不敢並坐。

婦人從夫，夫沒則子持家事，故舅沒姑老，則外事傳子，內事傳婦也；必請於姑者，婦雖受傳，不敢專行也；介婦，眾子之婦也，請於冢婦，以其代姑任事也；毋怠、不友、無禮者，言毋怠、毋不友、毋無禮也；善兄弟曰友，娣姒猶兄弟也，兩相抗為敵，兩相合為耦，雖有勤勞，不敢恃命而傲也；命，謂使令，人不敢並，皆下冢婦也。

凡婦，不命適私室，不敢退。婦將有事，大小必請於舅姑。子婦無私貨，無私畜，無私器，不敢私假，不敢私與。婦或賜之飲食、衣服、布帛、佩帨、茝蘭，則受而獻諸舅姑，舅姑受之則喜，如新受賜，若反賜之則辭，不得命，如更受賜，藏以待乏。婦若有私親兄弟將與之，則必復請其故，賜而後與之。

婦，侍舅姑者也，故不令適私室，不敢退，家事統於尊，故大小必請於舅姑，且無有所私也；茝、蘭皆香艸，可為容臭；藏以待乏，待舅姑之乏也；不得命，不見許也；故賜即反賜之物。

適子庶子只事宗子宗婦，雖貴富，不敢以貴富入宗子之家，雖眾車徒舍於外，以寡約入。子弟猶歸器衣服裘衾車馬，則必獻其上，而後敢服用其次也；若非所獻，則不敢以入於宗子之門，不敢以貴富加於父兄宗族。若富，則具二牲，獻其賢者於宗子，夫婦皆齊而宗敬焉，終事而後敢私祭。

宗子之家，謂大宗也，子弟謂共祖禰者，子於世叔父，弟於兄也；猶，若也，歸，饋也，歸器及車馬，謂人饋物於子弟也，宗子之門，即謂諸父、諸兄、子弟與之同居異宮，未嘗異財，故當獻其上而用其次，非所獻則不敢入也；若大宗則不必獻，但不以入耳；父兄謂小宗，宗族謂大宗，言不敢加，又總結上文也；富謂有田祿、具二牲，而宗敬謂適子、庶子為士大夫者也，小宗之子為士大夫，而欲致敬於大宗之祖廟，則必獻上牲於宗子，使宗子主祭而夫婦往助祭也；終事而後敢私祭者，小宗子以得致敬於大宗之祖廟為榮，故既終事而後

歸祭，以告祖禰得祭於大宗也，若小宗子為士大夫，則己之祖禰，己所得專，不必告宗子而後祭矣。

飯：黍，稷，稻，粱，白黍，黃粱，稰，穛。

飯目，諸飯也。黍，黃黍，粱，白粱也，熟獲曰稰，若今晚稻，生獲曰穛，若今早稻也。

膳：膷，臐，膮，醢，牛炙。醢，牛胾，醢，牛膾。羊炙，羊胾，醢，豕炙。醢，豕胾，芥醬，魚膾。雉，兔，鶉，鷃。

膳目，諸膳也。首「醢」字，鄭注據公食大夫禮為衍字，或云目諸醢也，此上大夫之禮庶羞二十豆也；膷一，牛臛也，臐二，羊臛也，膮三，豕臛也，牛炙四，炙牛肉也，此四物一行最北，從西為始；醢五，肉醬也，牛胾六，切牛肉也，醢七，牛膾八，此四物一行次北，從東為始；羊炙九，羊胾十，醢十一，豕炙十二，此四物一行又次之，從西為始；醢十三，豕胾十四，芥醬十五，魚膾十六，此四物一行又次之，從東為始；以上十六豆是下大夫之禮，雉十七，兔十八，鶉十九，鷃二十，此四物一行極南，從西為始，為上大夫所加。鷃，斥鷃也，鶉類，《儀禮》作鴽。

飲：重醴，稻醴清糟，黍醴清糟，粱醴清糟，或以酏為醴，黍酏，漿，水，醷，濫。

飲目，諸飲也。重，陪也，清，沛也，糟，醇也，致飲有沛者，有醇者，陪設之皆兼稻、黍、粱；以酏為醴，釀粥為醴也，黍酏，黍粥也，漿，酢胾也，水，清新也，醷，梅漿也，濫，以諸和水也，紀莒之間名諸為濫。《周官・漿人》六飲水漿，與此無異名，醴即此三醴之清也，無糟涼即此濫也，醫即此以酏為醴之酏，酏即此黍酏也，此別有醷，鄭司農曰醫即醷也，則以酏為醴，當是醴而非醫矣。

酒：清、白。

酒目，諸酒也。清，清酒也，白，事酒、昔酒也。

羞：糗，餌，粉，酏。

羞目，諸羞也。糗，搗熬穀也，合蒸曰餌，粉酏即酏食也；糔溲稻米，與小切狼臅膏為之者，《周官》「羞籩之實，糗餌粉餈；羞豆之實，酏食糝食」，此蓋以糗、餌包粉餈，以酏、食包糝食也。

食：蝸醢而苽食，雉羹；麥食，脯羹，雞羹；析稌，犬羹，兔羹；

和糝不蓼。濡豚，包苦實蓼；濡雞，醢醬實蓼；濡魚，卵醬實蓼；濡鱉，醢醬實蓼。殽脩，蚳醢，脯羹，兔醢，麋膚，魚醢，魚膾，芥醬，麋腥，醢，醬，桃諸，梅諸，卵鹽。

食目，諸食也。蝸，蝸牛，其殼咼而首有角，肉可為醢；苽，雕胡也，脯羹，析乾牛羊肉為羹也，稌，稻也，析，舂白之也，糝，米屑也，蓼，辛菜，言苽、麥、稌三食皆以蝸為醢，其羹則苽宜雉，麥宜脯若雞，稌宜犬若兔，而五羹皆止和之以糝而不加蓼也；濡者，烹煮，之以汁相和也，苦，苦菜，包以苦菜，包豚也；實蓼，中以蓼實之也，醢醬，加醢及醬也，卵，魚子也，豚、雞、魚、鱉，四濡之物，蓋不用俎而用豆者，其調和不同，而皆當實蓼也；殽脩，謂殽治之脯，蚳蚔，蚍子也，膚，肉膚也，膾，聶切之也，腥，生食之肉，四醢二醬又各有所宜；諸，菹也，謂藏乾之，卵鹽，大鹽也，諸、酸、鹽、鹹皆佐食之品也，凡三食、五羹、四濡、五醢、二醬、二諸、一鹽、一脩、一膚、一膾、一腥，共二十六種肉脯羹，重出四濡，所和不數，而燕食之雜物備矣。

凡食齊視春時，羹齊視夏時，醬齊視秋時，飲齊視冬時。凡和，春多酸，夏多苦，秋多辛，冬多鹹，調以滑甘。牛宜稌，羊宜黍，豕宜稷，犬宜粱，雁宜麥，魚宜菰。春宜羔豚膳膏薌，夏宜腒鱐膳膏臊，秋宜犢麑膳膏腥，冬宜鮮羽膳膏膻。

視，比也，飯宜溫，羹宜熱，醬宜涼，飲宜寒也；凡和，各尚時味而甘以成之，猶水火金木之載於土也；羔豚以下皆禽獻也，腒，乾雉，鱐，乾魚，鮮，生魚，羽，生鳥，薌，牛脂，臊，犬膏，腥，雞膏，膻，羊脂，不言豕膏，蓋四季可常食也，此《周官》食醫及庖人文，記者引之以通論調和食飲之常法也。

牛脩，鹿脯，田豕脯，麋脯，麕脯，麋、鹿、田豕、麕，皆有軒，雉兔皆有芼。

爵，鷃，蜩，范，芝栭，菱，椇，棗，栗，榛，柿，瓜，桃，李，梅，杏，楂，梨，薑，桂。

脯皆析乾肉也，田豕，野豕也，麕，獐也；軒，切為藿葉片也，芼，菜釀也，蜩，蟬也，范，蜂也，芝，地菌，如今蘑菇之屬，栭，木菌，如今木耳之屬，菱，芰也，椇，枳椇，梨之不臧者，共三十二種，皆雜物，可藏之庶羞，以備不時之需，於養老為尤宜。

大夫燕食，有膾無脯，有脯無膾。士不貳羹胾，庶人耆老不徒食。

燕食，常食也，有尊卑之差。

膾：春用蔥，秋用芥、豚；春用韭，秋用蓼。脂用蔥，膏用薤，三牲用藙，和用醯，獸用梅。鶉羹、雞羹、鴽，釀之蓼。魴鱮烝，雛燒，雉，薌無蓼。

芥，芥醬也，脂，肥凝者，藙，氣味、葉、實似茱萸、獸、野物也；鴽不言羹，但烝之，不羹也；釀之蓼者，鶉、雞、鴽三者皆切而雜之以蓼也；烝；烝熟之也；雛；小鳥，燒，直於火中燒之也，雉在烝燒之下，或燒、或烝、或羹，其用無定，故直云雉也；薌，蘇荏之屬，謂魴、鱮、雛、雉，惟以蘇荏之屬調和之，不用蓼也，此皆言調和菜釀之所宜。釀，或曰湛諸酒。

不食雛鱉，狼去腸，狗去腎，狸去正脊，兔去尻，狐去首，豚去腦，魚去乙，鱉去醜。

目諸不食，皆為不利人也。雛鱉，鱉小尚伏乳者，狼能害人，腸則傳道其所害之物，狗腎太熱，狸脊上有一道如界，兔尻有九孔，狐死首丘，殺之則氣聚於首，豕腦昏人精神，乙亦魚腸，避文複耳，醜，竅也。

肉曰脫之，魚曰作之，棗曰新之，栗曰撰之，桃曰膽之，柤梨曰攢之。

皆擇治之名，脫，除筋膜、皮骨也，作，動搖之以觀其鮮餒，或云削鱗也，新，拭刷塵埃也，撰，陳布之揀去蟲食也，膽，去毛，令色青滑如膽也，攢，看蟲孔也。

牛夜鳴則疒盾，羊泠毛而毳、膻，狗赤股而躁、臊，鳥麃色而沙鳴、鬱，豕望視而交睫、腥，馬黑脊而般臂、漏，雛尾不盈握弗食，舒雁翠，鵠鴞胖，舒鳧翠，雞肝，雁腎，鴇奧，鹿胃。

牛，晝勞則夜當息，夜鳴非時，牛有疾也，疒盾，朽木臭也；泠毛，毛本稀而清寒也，毳，毛端聚斿如結也；赤股，股裏無毛也，躁，性躁也；麃色，色枯白，不澤美也，沙鳴，聲悲毛涼也，鬱，腐臭也；望視，仰而遠視也，交睫，毛長而交也；般臂，前脛般般然，毛有文也，漏，氣不聚也；雛，小鳥，尾不盈握，過小不堪食也；舒鴈，鵝也，翠，尾肉也；胖，脅側薄肉也，舒鳧，鶩也；奧，脾肶也，為藏之深奧處，胃，肚也。

肉腥細者為膾，大者為軒；或曰麋鹿魚為菹，麋為辟雞，野豕為軒，兔為宛脾，切蔥若薤，實諸醯以柔之。

腥，生肉，膾，肉絲也，軒，肉片也，菹、軒皆大片腬而不聶者，辟雞、宛脾皆細絲腬而又聶切者，其各為之名，蓋以其物而異之也，四者皆以生肉和蔥若薤加醯，以花柔之即可食，故以肉腥目之。

羹食，自諸侯以下至於庶人無等。

食，飯也，羹之與飯，助以雜物、醯醬，是食之，主故無等差，庶羞乃異耳，蓋燕食猶有酒，此則但以食言。

大夫無秩膳，大夫七十而有閣。

秩，常也，膳，美食也，天子、諸侯朝夕膳，有常品，大夫則惟所便七十而有閣，非秩膳也，閣以板為之，所以庋食物，恐不時需食耳。

天子之閣，左達五，右達五，公侯伯於房中五，大夫於閣三，士於坫一。

達，夾室也，房中即大室之中，坫亦庋食物也，蓋閣以板設於門旁，或當門楣之上，坫則於地累土為之而已；大夫士不言處，承上房中也，其物當為果餌之屬，以備甘旨。

凡養老：有虞氏以燕禮，夏后氏以饗禮，殷人以食禮，周人修而兼用之。凡五十養於鄉，六十養於國，七十養於學，達於諸侯。八十拜君命，一坐再至，瞽亦如之，九十者使人受。五十異粻，六十宿肉，七十二膳，八十常珍，九十飲食不違寢，膳飲從於遊可也。六十歲制，七十時制，八十月制，九十日修，唯絞紟衾冒，死而後制。五十始衰，六十非肉不飽，七十非帛不暖，八十非人不暖，九十雖得人不暖矣。五十杖於家，六十杖於鄉，七十杖於國，八十杖於朝，九十者天子欲有問焉，則就其室以珍從。七十不俟朝，八十月告存，九十日有秩。五十不從力政，六十不與服戎，七十不與賓客之事，八十齊喪之事弗及也。五十而爵，六十不親學，七十致政；凡自七十以上，唯衰麻為喪。凡三王養老皆引年，八十者一子不從政，九十者其家不從政；瞽亦如之。凡父母在，子雖老不坐。有虞氏養國老於上庠，養庶老於下庠；夏后氏養國老於東序，養庶老於西序；殷人養國老於右學，養庶老於左學；周人養國老於東膠，養庶老於虞庠，虞庠在國之西郊。有虞氏皇而祭，深衣而養老；夏后氏收而祭，燕衣而養老；殷人冔而祭，縞衣而養老；周人冕而祭，玄衣而養老。

已見《王制》，蓋此篇本曾子門人所記，實王政之本，作《王制》者節襲之耳。

曾子曰：「孝子之養老也，樂其心不違其志，樂其耳目，安其寢處，以其飲食忠養之孝子之身終，終身也者，非終父母之身，終其身也；是故父母之所愛亦愛之，父母之所敬亦敬之，至於犬馬盡然，而況於人乎！」

養老本孝子之事，故又引曾子之言以明之。

凡養老，五帝憲，三王有乞言。五帝憲，養氣體而不乞言，有善則記之為惇史。三王亦憲，既養老而後乞言，亦微其禮，皆有惇史。

憲，法也，養之為法，其德行也；有乞言，有求言之禮也，養氣體而不乞言，但求老者之安，不敢乞言也；惇，厚也，有善則記之惇史者，老者有善言、善行則記之，謂之惇史，以為後世法也；微者，依違言之從容不迫切也，三王亦以老者為法，但風氣稍差，已不能如五帝時之不言而喻，故又有乞言之禮，然亦止欷曲俟聞，乘暇發問，不敢迫切以求也，蓋雖不及五帝觀感之自然，而其禮意之詳慎，初非有二也。

淳熬：煎醢，加於陸稻上，沃之以膏曰淳熬。淳毋煎醢，加於黍食上，沃之以膏曰淳毋。

淳即沃也，熬即煎也，陸稻，陸地之稻，以其米為飯，煎醢加之，更沃之以膏，使味相湛漬，其名曰淳熬；毋即父母之母，以黍為飯，淳熬之，與陸稻同，而其法實始於黍食，故名為淳毋也，黍無水，故不言陸。

炮：取豚若將，刲之刳之，實棗於其腹中，編萑以苴之，塗之以謹塗，炮之，塗皆乾，擘之，濯手以摩之，去其皽，為稻粉糔溲之以為酏，以付豚煎諸膏，膏必滅之，巨鑊湯以小鼎薌脯於其中，使其湯毋滅鼎，三日三夜毋絕火，而後調之以醯醢。

炮，塗燒之名，將，且也，若將，語助詞；刲，割去首也，刳，剖腹也，編，連也，萑，葦也，苴，裹也，謹當堇字之訛，黏土也，既編萑於內，又堇塗於外也，必堇塗而後炮之者，密塗之無使少有剝落，而後炮之也；乾，燒而乾也，擘，以手去塗也，手既擘泥不淨，而肉又熱，故濯手以摩之也；皽，附毛之皮，糔溲之以為酏，如今糊粥也；付同附，著也，謂以糊粥塗豚肉外也，蓋棗則除去不用矣；滅，沒也，既以酏塗之，蓋亦乾而後煎諸膏也；巨鑊湯，

重湯也，以大鑊盛湯，又以小鼎盛豚，使膏沒豚，再加薌脯於鼎中，然後以鼎置於鑊，使湯無沒鼎，至三日三夜，無絕火而後出之，欲食則調以醯醢也。

搗珍：取牛羊麋鹿麇之肉必脄，每物與牛若一捶，反側之，去其餌，熟出之，去其餌，柔其肉。

脄，脊側肉也，手捶即搗也，餌，筋腱也，柔之為汁和也，汁和亦醯醢與。

漬：取牛肉必新殺者，薄切之，必絕其理；湛諸美酒，期朝而食之以醢若醯醢。

期朝，朝一周也，謂自朝至朝。

為熬：捶之，去其皽，編萑布牛肉焉，屑桂與薑以灑諸上而鹽之，乾而食之。施羊亦如之，施麋、施鹿、施麇皆如牛羊。欲濡肉則釋而煎之以醢，欲乾肉則捶而食之。

為熬者，取肉先捶之，去其皽，即於火上熬之使熟，然後以編萑布之，更加桂薑、鹽屑調和之，俟其乾即可食也；釋，以水釋之也，欲濡、欲即，由人意也。

糝：取牛羊豕之肉，三如一小切之，與稻米；稻米二肉一，合以為餌煎之。

糝，即糝食，羞豆實也，三如一，無差等也，與，和也。

肝膋：取狗肝一，幪之，以其膋濡炙之，舉燋，其膟不蓼；取稻米舉糔溲之，小切狼臅膏，以與稻米為酏。

幪，覆也，其膋，狗膋也，舉，皆也，燋，燒使焦也，舉燋，其膟不蓼者，盡燒其膋，使焦而不加蓼也；舉糔溲之者，稻米與狗肝皆為屑粉也，臅，臆也，小切狼臅前膏，和狗肝、稻粉為肉糊也；此酏即酏食，亦羞豆實也，以上八珍：淳熬一、淳毋二、炮豚三、搗珍四、漬五、熬六、糝七、酏八，糝、酏為羞豆之實，則淳熬、淳毋即糗餌粉餈，為羞籩之實與。

禮，始於謹夫婦，為宮室，辨外內。男子居外，女子居內，深宮固門，閽寺守之。男不入，女不出。

閽，掌守中門之禁者，寺，掌內人之禁令者，然舉閽寺言，則本之天子諸侯之制，故下文五日之御、世子之生，皆君禮也，但下達亦可類推耳。

男女不同椸枷，不敢懸於夫之楎椸，不敢藏於夫之篋笥，不敢共湢浴。夫不在，斂枕篋簟席、襡器而藏之。少事長，賤事貴，咸如之。

竿謂之椸，所以架衣也，直曰楎，橫曰椸；枕有篋，簟席有襡，各以其器斂而藏之也。

夫婦之禮，唯及七十，同藏無間。

藏猶處也，同藏無間，衰老無嫌共處也，否則亦有男女之嫌，不足以率下矣。

故妾雖老，年未滿五十，必與五日之御。將御者，齊，漱浣，慎衣服，櫛縰笄，總角，拂髦，衿纓綦屨。雖婢妾，衣服飲食必後長者。妻不在，妾御莫敢當夕。

五十始衰，不能孕也，與同預，妾閉房不復出御，御謂侍夜勸息也，五日之御，御序之期也，《詩》「五日為期」，角字衍文；必後長者，不以賤廢長幼之序也，夕，女君之御夕也，莫敢當夕，避僭嫌也。

妻將生子，及月辰，居側室，夫使人日再問之，作而自問之，妻不敢見，使姆衣服而對，至於子生，夫復使人日再問之，夫齊則不入側室之門。子生，男子設弧於門左，女子設帨於門右。三日，始負子，男射女否。

及月辰，當生子月之朔也，側室，燕寢之旁室也，作，宸動也；設，預期所當事也，弧，武備之要，帨，事人之物，左右，陰陽之分位也。

國君世子生，告於君，接以大牢，宰掌具。三日，卜士負之，吉者宿齊朝服寢門外，詩負之，射人以桑弧蓬矢六。射天地四方，保受乃負之，宰醴負子，賜之束帛，卜士之妻、大夫之妾，使食子。

接，接而負之也，以太牢，以世子有承天地、宗廟、社稷之重也，宰謂冢宰，主之若掌具，則使其屬也，具，具接負之禮與物也；三日，子生卜接之三日也，卜士負之，卜負子之士也，吉者，卜吉之士也；宿齊，齊越宿也，詩之言承也，桑弧蓬矢，本太古也，天地四方，男子所有事也；射禮止用四矢者，天地非射事所及，重御四方也，保，保母也，受，授也，士受子於保母而負之也，醴負子，以醴禮負子之士也，其禮一獻，束帛，酬幣也，食，乳也，食子之妻妾，必卜氣血之移人，不可不慎也。

凡接子，擇日，冢子則大牢，庶人特豚，士特豕，大夫少牢，國君世子大牢，其非冢子，則皆降一等。

擇日，重其事，即卜也，冢子，適長子也，云國君世子大牢，即王世子也，

下云具視朔食，則天子大牢、諸侯少牢、大夫特豕、士特豚也，此庶人特豚云云，記者誤耳，禮不下及庶人也。

異為孺子室於宮中，擇於諸母與可者，必求其寬裕慈惠、溫良恭敬、慎而寡言者，使為子師，其次為慈母，其次為保母，皆居子室，他人無事不往。

異，別也，與，可者，不必皆諸母也，可，古婀字，或作妸，通作阿，堪勝師、慈、保之任者也，師主教以善道，慈主導其嗜欲，保主適其居處，他人無事不往，為小兒精氣微弱，易驚恐也。

三月之末，擇日剪髮為鬌，男角女羈，否則男左女右。是日也，妻以子見於父，貴人則為衣服，由命士以下，皆漱浣，男女夙興，沐浴衣服，具視朔食，夫入門，升自阼階。立於阼西鄉，妻抱子出自房，當楣立東面。姆先，相曰：「母某敢用時日只見孺子。」夫對曰：「欽有帥。」父執子之右手，咳而名之。妻對曰：「記有成。」遂左還，授師，子師辯告諸婦諸母名，妻遂適寢。夫告宰名，宰辯告諸男名，書曰：「某年某月某日某生。」而藏之，宰告閭史，閭史書為二，其一藏諸閭府，其一獻諸州史；州史獻諸州伯，州伯命藏諸州府。夫入食如養禮。

鬌，所遺髮也，夾囟曰角，午達曰羈；貴人，大夫以上也，朔食，天子大牢，諸侯少牢，大夫特豕，士特豚也，門，正寢門也；出，出戶也，某，妻姓，若言姜氏也；欽，敬也，帥，循也，欽有帥，言教養孺子，當敬循舊法也；咳，聲也，記，識也，記有成，言識此欽帥之言，當使子之教養有成效也；師，子師也，諸婦，同族卑者之妻，諸母，同族尊者之妻，寢，內寢也，宰，家宰也，諸男，同族也；閭史，閭胥之史，州伯，州長也，入，入內寢也；如養禮，士則特豚，如婦始饋舅姑禮也。

世子生，則君沐浴朝服，夫人亦如之，皆立於阼階西鄉，世婦抱子升自西階，君名之，乃降。

夫人朝服，次展衣也，阼階，路寢堂上。

適子庶子見於外寢，撫其首咳而名之，禮帥初，無辭。

適子，世子母弟，庶子，妾子也，外寢，君小寢也，詞如「欽有帥」也。

凡名子，不以日月，不以國，不以隱疾；大夫、士之子，不敢與世子同名。

俱見《曲禮》。

妾將生子，及月辰，夫使人日一問之。子生三月之末，漱浣夙齊，見於內寢，禮之如始入室；君已食，徹焉，使之特餕，遂入御。

內寢，適妻寢也，昏禮，夫婦同牢之後，媵御餕餘，若初納妾，當亦夫婦共食，待妾以餕餘之禮；今妾已見子，亦夫婦共食，令生子之妾特餕其餘，如始來時以禮之也；夫別稱君，妾賤也。

公庶子生，就側室。三月之末，其母沐浴朝服見於君，擯者以其子見，君所有賜，君名之。眾子，則使有司名之。

側室亦異為之孺子室也，擯者，傅姆之屬，人君尊，雖妾不抱子也；君所，即外寢也，有賜，特恩也，君親名，亦異數也，眾子，賤妾之子，非貴妾，則有司名而已。

庶人無側室者，及月辰，夫出居群室，其問之也，與子見父之禮，無以異也。

夫雖避之，至問妻及見子之禮，則同也；庶人或無妾，故無側室。

凡父在，孫見於祖，祖亦名之，禮如子見父，無辭。

祖亦名之者，謂父既名子，祖又因父名命之，或父不名而祖亦名之也；禮如子見父，謂執子手咳之也，無詞，以夫婦名子，既有詞也；家統於尊，而孫之名不主於祖者，教養其子父母為切，又或子孫眾多，不敢以煩尊者也，公庶子使有司名，亦此義。

食子者，三年而出，見於公宮則劬。大夫之子有食母，士之妻自養其子。

劬，勞也，食國君之子，三年出歸其家，君必有以勞賜之也。

由命士以上及大夫之子，旬而見。冢子未食而見，必執其右手，適子庶子已食而見，必徇其首。

旬，十日也，旬而見，別記異禮，或不待三月也；未食，未朝食也，重冢子，故未朝食而見，見而後以禮食也，已食而見，則不禮食也。

子能食食，教以右手。能言，男唯女俞。男鞶革，女鞶絲。

鞶帶也男帶用革取其堅強女帶用絲取其柔韌

六年教之數與方名。七年男女不同席，不共食。八年出入門戶及即席飲食，必後長者，始教之讓。九年教之數日。十年出就外傅，居宿於

外，學書計，衣不帛襦褲，禮帥初，朝夕學幼儀，請肄簡諒。

數名，一、十、百、千、萬也，方名，東、南、西、北也；不同席共食，早使知別也，教之讓，示以廉恥也；數日，若朔望與六甲也，外傅，教學之師也，居宿，盡居夜宿也，書謂六書文字，計謂九數乘除；襦，褻也，不帛，嫌太溫，傷陰氣也；禮帥初者，行禮動作皆師循初日所為也，學幼儀者，學奉侍長者之儀也，請，請於師長也，肄，習也，簡，策也，古先之事書於策，請命而學習之也，諒，誠信也，凡言動應對之事，肄簡所以致知，肄諒所以力行也。

十有三年學樂，誦《詩》，舞《勺》，成童舞《象》，學射御。二十而冠，始學禮，可以衣裘帛，舞《大夏》，惇行孝悌，博學不教，內而不出。

樂，樂章，詩，詩歌也；《勺》，《大武》篇，武王之樂；成童，年十五也，《象》，文王之樂；《大夏》，即九夏禹樂也，惇，篤也，教，為人師也，內而不出者，當蘊德於內，未可出而有為也。

三十而有室，始理男事，博學無方，孫友視志。四十始仕，方物出謀發慮，道合則服從，不可則去。五十命為大夫，服官政。七十致事。凡男拜尚左手。

室猶妻也，男事，成人之事，無方，無常也，孫，順也；友以明道輔仁，故志常以友而定，友之品類不一，視其所順之友，則可以知其志矣；方猶則也，有物必有則，方物而出謀乃無過計，方物而發慮乃無越思也；服，事也，官政，當官之政也，致事，老也。

女子十年不出，姆教婉娩聽從，執麻枲，治絲繭，織紝組紃，學女事以共衣服，觀於祭祀，納酒漿、籩豆、菹醢，禮相助奠。

不出，恒居內也，婉娩聽從，委曲柔和，順為正也，執，專執也；麻枲，績事也，治，詳慎也，絲繭，蠶事也，織以機，紝以筬，組，綬也，紃，絛也，女事，凡女工之事；觀，與觀也，納，奉而入之，即酒漿等是也，菹醢實於豆，脯修實於籩，不言，文省也；禮相助奠，循禮以相助長者之奠也。

十有五年而笄，二十而嫁；有故，二十三年而嫁。聘則為妻，奔則為妾。凡女拜尚右手。

十五而笄，應年許嫁也；有故，謂父母之喪；聘，問也，妻之言齊也，奔，

從也，妾之言接也，聘者由男而下聘於女，奔者由女而就奔於〔註1〕男，故有尊卑之別。

〔註 1〕 此處原文作「乎」，恐誤，依義與前文句式改。

禮記卷十三　玉藻

玉，五采玉也，藻同繅，亦五采，天子冕飾繅絲繩也，所以貫玉，此篇多記禮容，而首天子之玉藻，因以二字名篇。

天子玉藻，十有二旒，前後邃延，龍卷以祭。

十有二旒，謂繅十二，就玉皆十二也；邃，深也，延，長也，冕形上為方板，前俛後高，而前後深邃延出，視左右加長也；龍卷，九章之衣裳，衣有畫龍，其首形卷然也；以祭，天子以祭先王也，此句文未別白天子之祭，以天地為重，當服十二章之衣，享先王則袞者，先王之尸服十二章為所厭也。禮主自卑，故敬神則雖天子於小祀降服；敬賓，則雖天子於諸侯亦降服，但言龍卷，不足以該祭服也，記者蓋亦止據魯之僭禮為所知而言之。

玄端而朝日於東門之外，聽朔於南門之外。

此承上冕旒言也，玄端，玄色而端之朝服，是則九章之服也；南門、東門蓋皆大廟明堂之宮門，朝日、聽朔皆月朔之事，若春分之朝，則祀日之日與朝日異。

閏月則闔門左扉，立於其中。

闔，閉也，門，大寢中門，直堂下，即畢門也；天子大寢，環十二室，應十二月以居之，閏當十二月之末，無可居門，《周官·大史》「詔王居門終月是也」。

皮弁以日視朝，遂以食，日中而餕，奏而食。日少牢，朔月大牢；五飲：上水、漿、酒、醴、酏。

皮弁，鹿白皮為弁，其服則朝服，以十五升布為侈袂，色白不玄，不言服，

以弁該也；日視朝亦在畢門內，所謂寧也，路門外之治朝，不能日視，但以正朝儀，如聽朔等乃視之耳；餕，餕朝食也，奏以樂，侑食也；朔月，月朔也，五飲，目下諸飲也，上水，以水為上也，酒亦列於飲者，統言之，則酒亦飲也，與《周官》六飲異者，約舉之，雖不盡同，無大異也。

卒食，玄端而居。動則左史書之，言則右史書之，御瞽幾聲之上下。

此玄端與士服同，以十五升布為之，且無章采，與上玄端異，記者渾言之，亦欠別白，蓋絲衣玄端自十二章以下有五等者：天子祭服也，無章者，齊服也，以布為之，色玄而有章者，朝日、聽朔等服也，其無章者，無事則端燕居之服也；左右史皆太史之屬，言史之侍左右者，不一人也，御，侍也，瞽，太師之屬；幾，察也，太師審音，故察王聲之上下，而知政治之得失也，上下謂聲不和，而或抗或墜也，《周官・典同》高聲硯，下聲肆，餘聲不和，亦以上下該也。

年不順成，則天子素服，乘素車，食無樂。

順謂庶徵時敘，成謂百穀豐登，惟順乃成，惟不順故不成也，素服、縞冠，素布服皆自貶也。

諸侯玄端以祭，裨冕以朝，皮弁以聽朔於大廟，朝服以日視朝於內朝。

玄端，玄冕端、絲玄衣也，其章各從其命服；祭，助祭於王也，若祭於國，則玄冕端，絲玄衣無章，雖祭服不能加於朝王也；裨，卑也，降於命服也；朝，朝王也，凡諸侯朝於天子，皆冕而玄端，則以朝服之布為玄色端衣也；聽朔雖皮弁衣，猶玄端以布，以在廟故玄端，以朝事故麻衣也；不冕而弁，降天子也，朝服、視朝亦皮弁也；內朝，路寢庭，畢門內也。記者或以冠該衣，或以衣兼冠，在當時本無疑義，然衣有端侈、玄素、絲布之別，冠有冕弁之殊，不為詳縷，致滋疑竇，亦記文太簡之故。

朝，辨色始入。君日出而視之，退適路寢，聽政，使人視大夫，大夫退，然後適小寢寢，釋服。

入，入路門也，視，視於寧也，治朝亦辨色而入，日出而視，然記者舉路寢門之朝而言，以其為每日之常也，聽政則或堂或室皆可矣；退，出路門也，小寢，燕寢也，服，皮弁服也。

又朝服以食，特牲三俎祭肺，夕深衣，祭牢肉，朔月少牢，五俎四

簋，子卯稷食菜羹，夫人與君同庖。

朝食，故朝服以為一國之奉，且以敬養身也；三俎，牲兼魚臘也，祭牢肉者，夕用朝牲之餘體，而非餕朝食之餘，故當祭，然非始殺，又朝巳祭肺，故差次而但祭牢肉也；五俎，二牲加腸胃與魚與臘也，四簋，黍稷稻粱也，朔月言四簋，則日當二簋也，紂以甲子死，桀以乙卯亡，後王傷其不祀，故著為令典而降食也；庖，庖人，掌共食者，言夫人，則王后可知。

君無故不殺牛，大夫無故不殺羊，士無故不殺犬、豕。君子遠庖廚，凡有血氣之類，弗身踐也。

故，如賓祭之事；庖廚，宰殺烹飪之所，血氣之類；弗身踐者，如過毒螫為害，亦使人驅除，不躬蹴踏也。

至於八月不雨，君不舉。年不順成，君衣布搢本，關梁不租，山澤列而不賦，土功不興，大夫不得造車馬。

八月，夏六月也，自子月不雨，至於未月，則旱甚成災，秋收無望矣，不舉，為旱變也；布，麻布也，搢，插也，本士笏，租，關梁之徵，列，分列其孰可取、孰當禁者而頒布之也；賦，山澤之徵也，或言租，或言賦，雜舉詞耳；土功，營築之事，造車兼言馬者，蓋謂養馬亦以駕車也，然馬並言於造，嫌不詞，當刪。節財省事，皆所以恤荒也。

卜人定龜，史定墨，君定體。

定龜，占坼也，坼，兆璺也，墨，兆廣也，體，色也，體有吉凶，墨有大小，璺有微明，凡卜甲，坼而後墨見，墨見而後色著，色著而後體備。

君羔幦虎犆；大夫齊車，鹿幦豹犆，朝車；士齊車，鹿幦豹犆。

幦，覆苓也，《詩》作幭，《周官》作禤，犆，幦緣也，此蓋有闕文，又錯亂無可考證，或以大夫二字移在士上，然又恐君之服物，非臣所宜同也。

君子之居恒當戶，寢恒東首。若有疾風迅雷甚雨，則必變，雖夜必興，衣服冠而坐。

當戶，嚮明也，東首，首生氣也，衣服冠而坐，敬天怒也。

日五盥，沐稷而靧粱，櫛用樿櫛，發晞用象櫛，進禨進羞，工乃升歌。浴用二巾，上絺下綌，出杅，履蒯席，連用湯，履蒲席，衣布晞身，乃屨進飲。

晞，乾也，沐髮為除垢膩，故用白理澀木為梳，沐已燥則髮澀，故用象牙

滑櫛以通之；禨，酒也，進禨猶進祝也，羞，羞豆籩之實，沐訖體虛，故進酒加羞，樂工乃升堂，以琴瑟歌而祝之，以盈氣也；絺綌以拭垢也，杅，浴器，蒯，菲艸為席，亦澀，履之以刮去足垢也，連，續也，續用湯以沃身也，衣布，今浴衫也，先衣布，以蔽體而後拭晞其身，乃屨而進飲，亦以盈氣也。

將適公所，宿齊戒，居外寢，沐浴，史進象笏，書思對命；既服，習容觀玉聲，乃出，揖私朝，輝如也，登車則有光矣。

思，己所欲陳於君者，對命，君前有命，今當復者，書之於笏，備失忘也；容觀，容止可觀也，玉聲，佩玉趨行之聲，既服而又習之，見君不可不慎也；出，出外寢也，私朝，外寢中門也，揖，揖家臣也，輝與光皆言威儀之外著也，此諸侯見天子，及致仕者朝吉月，及鄉遂公邑之吏特見君之禮也。

天子搢挺，方正於天下也，諸侯荼，前詘後直，讓於天子也，大夫前詘後詘，無所不讓也。

珽，王笏，其狀珽然，無所屈，即大圭長三尺者；方正，上直，杅上終葵首也；荼，茅莠莖直，而上稍曲，大夫前後皆詘，其形蓋將如弓焉。

侍坐，則必退席；不退，則必引而去君之黨。登席不由前，為躐席。徒坐不盡席尺，讀書，食，則齊，豆去席尺。

退席，謂坐旁有別席，當退就別席也，不退，謂旁無別席，或不命退也；引，卻也，黨謂君之親屬，去猶離也，去君之黨，離遠君之親黨而坐其下也；前，上也，凡登席當自下而上，躐，越也，不字疑衍，否則尚脫「由前」二字，登席不可由前，由前則為躐席也；徒坐，虛坐也，不盡席尺，席首當空尺餘，示無所求於前，亦讓道也；齊，齊席首而坐也，豆所以盛食物，豆去席尺，解所以近前之意，恐食汙席也；書當有幾，其去席尺，亦不煩言也。

若賜之食而君客之，則命之祭，然後祭；先飯辯嘗羞，飲而俟。若有嘗羞者，則俟君之食，然後食，飯，飲而俟。

祭始為飲食者也。禮，敵者共食，則客先祭，降等之客則後祭，若臣侍君而賜之食，則不敢祭，若賜食而君以客禮待之，則亦祭，然必君命之乃祭也。飯，食也，先飯，君未食而臣先食也，且徧嘗羞，著臣侍君食，當先為君嘗食之義也。飲，啜飲也，俟，俟君飱也，禮，食未飱，必先啜飲，以利滑喉中，不令澀噎也；若有嘗羞者，謂膳宰存己，非君所客也，飯，飯畢也，飲而俟，亦俟君飱也。

君命之羞，羞近者，命之品嘗之，然後唯所欲。凡嘗遠食，必順近食。君未覆手，不敢飧；君既食，又飯飧，飯飧者，三飯也。君既徹，執飯與醬，乃出，授從者。

羞，食羞也，雖君已食，已後食，猶未敢食羞，故又須君命之也；雖得君命，猶止食近者，不越次先食遠者，惡貪味也；品猶徧也，必君又命徧嘗，乃先自近及遠，而後隨己所欲，不復次第也；順猶從也，言凡則客與不客皆然也；覆手，謂釋箸也，飧，用飲澆飯也，又字疑乃字之誤，三飯，三度飧也，飯與醬皆己之餘，不敢虛君惠，又不敢使公士食己之餘，故出授從者，使餕之也。

凡侑食，不盡食；食於人不飽。唯水漿不祭，若祭為已僭卑。

不盡食者，飯之數尊卑有等，必不盡食，然後可量其多寡，而不虛後侑也；不飽，謙退不求自足也，已猶太也，僭，壓也，水漿非盛饌，君祭則嫌太自卑，壓此相敵之禮也，臣於君猶祭之。

君若賜之爵，則越席再拜稽首受，登席祭之，飲卒爵而俟君卒爵，然後授虛爵。君子之飲酒也，受一爵而色灑如也，二爵而言言斯禮已，三爵而油油以退，退則坐取屨，隱辟而後屨，坐左納右，坐右納左。

越席，超過眾席也，登席，登己席也，先飲者，示賤者當先即事，後授虛爵與相者，不敢先君盡爵也，此謂朝夕侍君，得賜爵者；若正禮則君先飲，而臣後飲，如燕禮是也。灑如，肅敬貌，言，語也，言斯禮已者，語必以禮而止，慮失禮也，三爵而退，臣侍君宴，過三爵非禮也，油油，悅敬貌，隱，不顯也，辟，不正也，納，著也，言不敢對君而屨，以崇敬也，以上諸節亦見《儀禮·士相見禮》而文各異。

凡尊必上玄酒，唯君面尊，唯饗野人皆酒，大夫側尊用棜，士側尊用禁。

必上玄酒，不忘古也，面猶向也，君燕臣子，專其恩惠，故尊鼻向君也；燕禮，司宮尊於東楹之西，兩方壺，左玄酒，南上，公尊瓦大兩，有豐在尊南，南上是也；皆酒，無玄酒也，野人賤，故不備禮也，側，旁側也，在賓主兩楹間，旁側夾之，又東西橫行，異於君也；棜即木轝，上有四周，下無足，大夫士亦皆兩尊，上玄酒也。

始冠，緇布冠，自諸侯下達，冠而敝之可也。

作記時周天子已不能王天下，故云自諸侯下達，其實自天子之元子下達

也，天子、諸侯、大夫皆無冠禮。

玄冠朱組纓，天子之冠也。緇布冠繢緌，諸侯之冠也。

玄冠，委貌也，天子之冠，亦言居冠耳，緇布冠，亦玄冠也，不言玄冠而別言緇布冠，明其為始冠之冠缺項者也；繢，畫五采也，《郊特牲》曰其緌也，孔子曰吾未之聞也，此皆周衰禮廢始有之，如魯襄公至年十二歲，而始冠於衛，皆非禮也，餘詳《郊特牲》。

玄冠丹組纓，諸侯之齊冠也。玄冠綦組纓，士之齊冠也。

齊不二事，則亦居冠耳，特齊居異地，故亦異其冠、異其飾也。

縞冠玄武，子姓之冠也。縞冠素紕，既祥之冠也。垂緌五寸，惰遊之士也，玄冠縞武，不齒之服也。

黑經白緯曰縞，武，冠卷也；姓，生也，孫是子之所生，故曰子姓；冠在上而用縞，凶冠也，武在下而用玄，吉武也，此父有喪服，子為之不純吉，是父為祖既練之後，孫所服之冠也，祖亡，故冠用縞，尊尊也，父存，故武用玄，親親也；紕，緣也，素，蓋以帛為之，即《詩》素冠也；既祥、大祥之後，禮當即吉，而哀情猶有未盡，故有縞素之制也；垂緌五寸，垂長其緌，以示別也；惰遊之士，罷民也，縞冠素紕，本凶喪之服，惰遊者非有凶喪，故以垂緌五寸別之，使知惰遊之惡，其不幸等於凶喪，宜速改而不可久也。玄冠縞武，與子姓之服適相反，蓋惡其逆尊親、上下之道，故以是冠辱之，不齒之士亦罷民也；惰遊者，坐嘉石者也，不齒者，反中國者也，其在圜土之罷民，則並去冠飾矣。

居冠屬武，自天子下達，有事然後緌。

居冠，燕居冠也，著冠於武，少威儀也，有事然後緌，燕居無事，去飾也。

五十不散送，親沒不髦，大帛不緌。

散，散麻也，送，送喪也，五十始衰，不備禮也；禮，始死，三日之前要絰、散垂，三日之後乃絞之，至葬啟殯以後散垂，既葬乃絞之；髦子，生三月翦髮之飾，不髦，去為子之飾也；大帛，繒也，冠本用麻，東周時變新制，易之以帛，其初蓋亦止居冠用之，故不緌也，至孔子時以純為冕，則大變古制矣。

玄冠紫緌，自魯桓公始也。

此承上不緌而言，玄冠蓋亦大帛之冠，紫，間色，不可為褻服，況可用之

冠緌乎？況居冠本不緌乎？

　　朝玄端，夕深衣。

　　此燕居之服，天子、諸侯、大夫、士所同也；深衣，衣裳連端與深，皆以十五升布為之。

　　深衣三袪，縫齊倍要，衽當旁，袂可以回肘。

　　袪，袖也，三袪，要中之數，袪尺二寸，圍之為二尺四寸，三其圍則七尺二寸也；縫當為逢，本亦有作逢者，逢，大也，即逢掖之逢；齊，下裔也，齊倍要，丈四尺四寸也，若從縫訓，紩於文為贅；衽，裳幅所交裂也，一名小要，深衣既衣裳連，共享布六幅，裁為十二幅，其裳之前襟後裾正處，以布四幅正裁為八幅，上下皆廣尺一寸，邊皆去寸為縫，每幅上下皆正得九寸，八幅七尺二寸，其在上者，既足要中之數，下齊倍於要，則又以布二幅斜裁為四幅，狹頭二寸，寬頭二尺，又各去寸為縫，狹頭成角，寬頭尺八寸，皆以成角者向上，以尺八寸者向下，則四幅，下亦得七尺二寸，合之共丈四尺四寸，其四幅在裳之兩旁，又名為衽也，又衽無不當旁，惟裳則朝祭、喪服有前三幅、後四幅之殊，衽之相交不當旁矣，惟深衣與裳連，則裳衽亦當旁也；袂，袖底也，可以回肘，二尺二寸之即也。

　　長中繼掩尺。袷二寸，袪尺二寸，緣廣寸半。

　　長中，長衣中衣也，繼，續袂口也，掩尺，以布半幅續袖口，而掩之餘尺也；袷，曲領也，謂深衣之曲領，廣二寸也；袪尺二寸，袪口重長之數也，圍之則二尺四寸矣；緣，邊飾也，深、長、中三衣大同，繼掩尺長中之異於深衣者也，長衣掩必用素，中衣則或布或素可也，無深衣則為長衣，有深衣則為中衣，蓋深衣吉凶賓嘉軍皆衣之，而長衣所施，趨於凶而不純乎凶也。

　　以帛裹布，非禮也。

　　此謂衣有裏之制，古者正服皆男子單、婦人夾，若自中衣而內，則繼夾從所便矣，然終以表為貴，故以帛裹布，則非禮。

　　士不衣織，無君者不貳采。

　　織，織文也，蓋錦繡之屬，士賤，衣裳無章，三命為大夫，則有一章之服；無君者，於國無位，不貳采，但素服，不以采貳之失位故也。

　　衣正色，裳間色。

　　此辨衣裳上下貴賤之別，言衣必正色，裳則間色，亦可用如纁裳之類是也。

非列采不入公門，振絺綌不入公門，表裘不入公門，襲裘不入公門。

列采，正色之服，振，《曲禮》作袗，蓋音同誤通，表裘，露裘毛在外也，襲裘，不褌也，凡衣裘，於君所裼，有事而後襲。

纊為繭，縕為袍，禪為絧，帛為褶。

纊，新綿，縕，舊絮，絧，單衣，褶，夾衣，此論所衣綿夾單及新舊之異名。

朝服之以縞也，自季康子始也。

朝服以布不以絲，以白不以縞。康子無君，擅易服色，非也。

孔子曰：「朝服而朝，卒朔然後服之。」

朔，視朔也，之指朝服言。天子諸侯皆布玄端，視朔畢，然後易朝服以視朝，朝服侈袂。

曰：「國家未道，則不充其服焉。」

此曰亦承上孔子也，以非一事，故又更端以別之。未道，未盡合於平治也，若新造或承凶亂之類，不充，謂降殺也。

唯君有黼裘以誓省，大裘非古也。

君，蓋兼天子諸侯言，黼裘，蓋以希冕三章之衣裳襲裘服也，誓省，謂大祭祀時誓百官、省牲鑊之屬；大裘，天子祀天之裘，有十二緎，又以十二章衣裳襲之；時諸侯蓋皆僭服之，不言僭而言非，古婉詞也，然稱君又似為大夫言，豈當時大夫並僭天子大裘與？

君衣狐白裘，錦衣以裼之。君之右虎裘，厥左狼裘。士不衣狐白。

狐白，狐腋也，難得可貴，故惟君服之錦衣衣之，最華者以裼狐白，明其貴之相稱也；左右虎賁之屬，虎狼取其勇猛為衛也；士賤，故不得衣狐白，其青與黃猶可衣也，但言士，則大夫容得衣之，此言君燕居之服，然非法服也，記者蓋為《詩秦風》所誤。

君子狐青裘豹褎，玄綃衣以裼之；麑裘青豻褎，絞衣以裼之；羔裘豹飾，緇衣以裼之；狐裘，黃衣以裼之。錦衣狐裘，諸侯之服也。

君子，統大夫士而言，褎同袖；綃，綺屬，生絲繒也；豻，胡犬，絞，蒼黃色；飾猶袖也，狐以白為上，青次之，黃為下，故白青皆表言之，狐裘但言黃衣，則其黃可知也；錦衣狐裘，承上狐白裘言，實之云諸侯之服，讀《秦風》不熟之蔽也。

大羊之裘不裼，不文飾也不裼。裘之裼也，見美也。弔則襲，不盡飾也；君在則裼，盡飾也。服之襲也，充美也，是故尸襲，執玉龜襲，無事則裼，弗敢充也。

羊裘，今老羊皮裘也，充猶覆也，裘必有覆衣也；古人臨事袒左，以左袂插於帶間謂之裼，如祭則袒割牲，射則袒決拾，喪則飯含，主人左袒，扱諸面之右，皆裼也；臣之事君，本以致身代勞，故詩云「王事靡鹽，不遑啟處」，而見君必裼，且襲裘不入公門，皆此義也。今以裼裘為見美盡飾，是又因裘生說，去本義而別為支鑿，若春夏秋之非裘而裼襲者，其謂之何？至犬羊之裘不裼，蓋亦不襲，直表裘耳，禮不下庶人也。

笏：天子以球玉；諸侯以象；大夫以魚須文竹；士竹本，象可也。

球同璆，美玉也，長三尺，除終葵首亦二尺六寸；文，飾也，魚須文竹，謂以鮫魚須文飾其竹也，士以竹為質，以象牙飾其邊；可者，通許之詞。

見於天子與射，無說笏，入大廟說笏，非古也。小功不說笏，當事免則說之。既搢必鹽，雖有執於朝，弗有鹽矣。凡有指畫於君前，用笏造，受命於君前，則書於笏，笏畢用也，因飾焉。

說同脫，凡吉事無所脫笏，大廟之中，惟君當事脫笏，時臣儕君，亦當事脫笏，故云非禮；小功服輕，不當事亦搢笏，免，悲哀哭踴之時，不在於記事，故脫之也；既搢笏於帶，必鹽洗其手，謂須預潔淨，雖有執事於朝，不更鹽也；造，詣也，詣君前而受命，則記所命於笏；畢，盡也，謂事事盡用笏記之，以備遺忘也；因飾者，因之加飾，以辨尊卑之等，如玉象須竹，及正直舒屈也。

笏度二尺有六寸，其中博三寸，其殺六分而去一，而素帶終辟。

度，長短之度，二尺六寸，諸侯以下之笏度也；殺，狹頭也，六分去一則上下首皆廣二寸半也；素帶，以素為帶，辟，襞積也，終辟，終競帶身，凡在要及垂者皆襞積也，此謂諸侯之帶，因搢笏於帶，故及之。

大夫素帶辟垂，士練帶率下辟，居士錦帶，弟子縞帶。並紐約，用組。

垂，紳也，大夫降於諸侯，故止辟帶垂之紳也；練，熟帛亦素也，率，縫緝也，士率下辟者，士惟於縫緝之下襞積之也，大夫言素，士言練，相備也；居士，有道藝之處士，蓋若已賓興而未仕者，用錦為帶，尚文也，用縞為帶，尚質也，並，並也，紐謂帶之交結處，約，結也，當紐而約，結其帶則用組也，

組闊三寸，長齊於帶也，此下當有「三寸齊」，以下三十五字脫蒿在後。

韠：君朱，大夫素，士爵韋。圜殺直，天子直，公侯前後方，大夫前方後挫角，士前後正。

韠以蔽前，以韋為之，君統天子諸侯言；爵，雀色也，韋，總上朱素爵；言圜殺直，圜者殺於直也，天子四角，直以全韋為之，公侯上下皆方，其下廣，左右各五寸，則以別韋合之而稍圜，變於天子也，大夫上角又稍挫，變於君也，韠以下為前，以上為後，正即直也，而上下皆圜，無角。

韠下廣二尺，上廣一尺，長三尺，其頸五寸，肩革帶博二寸。

肩猶齊也，扛也，韠有鉤，以拘於革帶之上，與革帶齊，革帶博二寸，則韠之齊於革帶者，亦博二寸也；頸，廣一尺之頸也，韠上廣一尺、長一尺，其頭五寸，去齊帶者二寸，則其露者三寸矣，頸下為會，會領縫也。按韠即是市字，本作亞，象形以韋為之，則其色本赤，或素或爵，又因事為別也；士無飾，卿大夫畫山，諸侯加火，天子又加龍，此加命之飾，如吉之本製象形，當上下皆狹而中廣，今有直方挫角，或至周而儀等加辨，然下廣二尺則非其形矣，故別名畢，乃象畢宿形，又像匕形也，其或名芾，仍古名也，記詞似尚欠別白。

大夫大帶四寸。

大帶即辟垂之素帶，其廣四方，則凡禮帶之廣皆然，蓋以大夫該上下也，然大夫字究屬羨文，且滋後人之惑，當刪。

雜帶，君朱綠；大夫玄華，士緇辟，二寸，再繚四寸。

雜帶，燕居之帶，非禮帶也，其色有朱綠、玄華、緇之別，上得兼下，亦下不得僭上也。辟以下統君、大夫、士而言，繚，繞也，既非禮帶，故但別其色，而帶皆襞積，皆廣二寸，皆繞身，再，周再，周亦四寸也。

凡帶，有率無箴功。

凡帶，統禮帶、雜帶而言，有率皆緶緝也，惟帶末有不緶緝處；無箴功者，雖緶緝而不可見，用箴之功，言當細密也。

一命縕韍幽衡，再命赤韍幽衡，三命赤韍蔥衡。

縕，赤黃之間色，韍，俗市字，即韠也，又詳異名，以韍為祭服，且本名也；幽，闇也，黑色也，蔥，青色也，衡即佩玉之衡。

天子素帶朱裏終辟。

凡帶皆合帛，而天子又加朱裏也，其終辟與諸侯同。

王后褘衣，夫人揄狄。

狄同翟，五色雉也，衣，上衣也，褘衣，衣四圍皆繪翟者，揄狄則止繪當胸及兩袖，揄謂引袂而翟皆見也，夫人，上公夫人。

三寸，長齊於帶，紳長制，士三尺，有司二尺有五寸。子游曰：「參分帶下，紳居二焉，紳韍結三齊。

此當在「用組」下，菌脫於此，三寸謂約帶紐組之廣也，長齊於帶，與紳齊也，紳帶之垂者；有司，府史之屬，帶下謂大帶之下，至地當有四尺五寸也；結謂約餘，即組也。

君命屈狄，再命褘衣，一命禮衣，士褖衣。

屈，《周官》作闕，闕狄謂繪翟止於當胸之兩旁，形如魏闕也；褘衣、揄狄、屈狄皆以玄衣畫五采之祭服也，屈狄，侯伯夫人之服，褘，鄭注云當作鞠，鞠花色黃，其衣亦以玄衣繪鞠也；禮，《周官》作展，展衣亦玄衣無文者；褖衣，以三十升布為之，而緣以采，一名褐衣，亦名純衣；鞠衣，后親蠶服，亦王之三夫人及三公夫人、子男服也，展衣，王之嬪婦及孤卿內子服也，褖衣，則女御、士妻服也，此皆謂王命內命婦也。君即夫君，謂王也，三夫人之服鞠，猶三公之執璧，壓於尊也，即王特加命之，亦止於屈狄，不更命以揄狄，嫌逼后也；其內命婦之常服，則如士妻命服之褖衣，女御以上之所同也，若加命之，則一命以展衣，再命至鞠衣，而止內命婦之尊，無有加於三夫人者也。

唯世婦命於奠繭，其他則皆從男子。

此承上君命言，世婦，天子之二十七世婦也，其實亦兼九嬪、女御而言，奠猶獻也，內命婦助后蠶，畢獻繭於后，以筐筥承奠，則有助蠶之功，故以命服旌之，若非徒以幸御為貴也，其他謂外命夫之妻。

凡侍於君，紳垂，足如履齊，頤溜垂拱，視下而聽上，視帶以及袷，聽鄉任左。

紳垂，立磬折也，齊，裳下緝也，溜，屋簷也，身俯，故頤傾如簷溜也；拱合，手張拱也，身俯，故雖拱而勢亦下垂也；視下者，視上則傲，故宜下也，聽上者，聽尊者語宜諦審，仰頭向上而聽也；袷，交領也，視君之法，下不過帶，高不過袷也，聽，聽君命也，鄉，向君面也；任左者，凡侍君多在君右，

故當專心於左，以備君教使也。

凡君召，以三節：二節以走，一節以趨。在官不俟屨，在外不俟車。

節所以明信輔君命也一節二節謂一使方至一使又隨也不言三者不待三也官朝廷治事處。

士於大夫，不敢拜迎而拜送；士於尊者，先拜進面，答之拜則走。

不敢拜迎，禮不敵，始來拜則士避也，士往見卿大夫，卿大夫出迎答拜，亦避也；拜送，禮有終也，尊者則不必，大夫凡在己上者皆是，先拜進面者，先拜於門，然後進相見也。

士於君所言，大夫沒矣，則稱諡若字，名士。與大夫言，名士字大夫。

士賤，故沒猶名，若生，則君前皆臣名也。

於大夫所，有公諱無私諱。凡祭不諱，廟中不諱，教學臨文不諱。

教學謂師長也，諱則疑誤後生，餘詳《曲禮》。

古之君子必佩玉，右徵角，左宮羽。趨以《采齊》，行以《肆夏》，周還中規，折還中矩，進則揖之，退則揚之，然後玉鏘鳴也。故君子在車，則聞鸞和之聲，行則鳴佩玉，是以非辟之心，無自入也。

佩玉即幽衡、蔥衡之衡，右徵角、左宮羽者，佩衡又有左右之別，右音中徵角，左音中宮羽也，音不用高者，玉以比德君子之音，貴乎溫柔，長育不尚肅殺也，趨，疾行為容也，行，安行也；采齊，詩篇名，肆夏，禹樂名，以之中其音樂之節也；周還，回轉也，折還，曲轉也，中規中矩，其行步合圓方之度也；進揖者，進而揖，則形俯也，退揚者，退而揚，則形仰也，鏘，聲和也，鸞在衡，和在軾。

君在不佩玉，左結佩，右設佩，居則設佩，朝則結佩，齊則綪結佩而爵韠。

不佩玉者，於君所，不敢以德自鳴也，結謂收束之設，則雖不結，而衝牙與璜皆解去，僅留貫組衡珠，不能鳴也；居謂侍君燕居時，朝謂侍君聽朝時，蓋左結右設，朝君之制，而皆結皆設，則又侍君者或燕或朝之別也，右為事物之音，事物即人臣之職，故入朝猶設之，至侍君則燕設之，以示人之不可無德，朝結之以明臣之不能成德也；綪，屈也，屈而結之，思與神通，不在事也。

凡帶必有佩玉，唯喪否。佩玉有衝牙；君子無故，玉不去身，君子

於玉比德焉。

凡謂自天子至士，喪主哀，故去飾也；衝牙，佩玉下懸觸璜，使有聲也，沖言其用，牙言其形故，謂喪若災眚，若在君所及齊，雖暫解之，猶不離身也。

天子佩白玉而玄組綬，公侯佩山玄玉而朱組綬，大夫佩水蒼玉而純組綬，世子佩瑜玉而綦組綬，士佩瓀玟而縕組綬。孔子佩象環五寸，而綦組綬。

天子佩白玉，尊者德備，故玉色純也；綬所以貫佩玉相承受者；公侯以下玉色漸雜，瑜玉之美者，世子蓋兼天子諸侯言；純當為緇，古緇字或作「糸才才屯」，相似通也；綦，文蒼色，瓀玟，石次玉者，縕，赤黃色，環，取循而不窮。

童子之節也，緇布衣錦緣，錦紳，並紐錦，束髮皆朱錦也。

童子之節，未成人之禮節也；緇布為衣，尚質也，用錦為緣，又紳及約帶之紐，及束髮之總，皆以朱色錦為之，所謂采衣紒也；蓋童子尚華，示將成人有文德，且為親在致飾也。

肆束及帶，勤者有事則收之，走則擁之。

肆，放而垂之也，言以束髮之錦垂長之，使至帶以為容也；勤，執勞辱之事也，收，在首擁在胸。

童子不裘不帛，不屨絇，無緦服。聽事不麻，無事則立主人之北面，見先生從人而入。

皆為幼小，不備禮也。絇，屨頭飾，所以為行戒；聽事，給使役於喪家也，不麻，無経也，哀情不能稱，不為虛服也；主人之北南面者，主人恒東面也，人，成人也，入，謁見也。

侍食於先生異爵者，後祭先飯。客祭，主人辭曰：「不足祭也。」客飧，主人辭以疏。主人自置其醬，則客自徹之。一室之人，非賓客，一人徹。壹食之人，一人徹。凡燕食，婦人不徹。

先生，尊者也，異爵，貴者也，饌不為已設，故後祭先飯，示為嘗食也；客祭，盛主人之饌也，客飧，食竟作三飯飧，美主人之食也，疏，粗也，主人敬客，故自置其醬，即親饋也，客量報敬，故自徹之奠於序端；一室之人非賓客，同事合居者也，一人徹，必少者一人徹也；壹，聚也，合，食也，蓋如醵飲之類；凡燕食，蓋謂有慶事而女賓眾至，或宗婦合食也，不可立一人為賓，

故使內御者代徹也。

食棗桃李，弗致於核，瓜祭上環，食中棄所操。凡食果實者後君子，火孰者先君子。

致猶留餘也，必食之盡，蓋亦貨惡棄地之意；上環，頭忖也，橫斷之則形如環然，所操，謂底脫處果實天成，非人事，故後食；火熟者，備火齊不得，故先嘗也，君子，有德位之通稱。

有慶，非君賜不賀。

君有賜而已，無慶不賀也，已有慶而君無賜，亦不賀也，違此則賀者為諂，受者為驕。

有憂者，勤者有事則收之，走則擁之。

有憂者，下有闕文，勤者下重出。

孔子食於季氏，不辭，不食肉而飧。

凡客將食，則興辭，凡禮食，先食戴，次食殽，乃至肩，則飽乃飧；季氏食孔子，而故違於禮，必有故焉，孔子亦以無禮答之，蓋與取瑟而歌，使之聞之同意。

君賜車馬，乘以拜賜；衣服，服以拜賜；君未有命，弗敢即乘服也。君賜，稽首，據掌致諸地；酒肉之賜，弗再拜。凡賜，君子與小人不同日。

凡君賜，至則先拜至，然重賜如車馬、衣服，皆係爵命之大者，禮當遜辭，不敢輕受，必君不許，再命之，然後更乘服所賜，至君所拜受，若君未有再命，不敢以曾被君命，即乘服所賜也；據掌，以左手覆按右手也，致諸地，致首於地也，謂首及手俱至地也，酒肉弗再拜，輕也，但初賜時拜受而已，若受重賜，既拜受，又當拜於其室也；賜君子以德與小人以力，名位不同，禮亦異數。

凡獻於君，大夫使宰，士親，皆再拜稽首送之。膳於君，有葷桃茢，於大夫去茢，於士去葷，皆造於膳宰。大夫不親拜，為君之答己也。

宰，家臣之長，膳，致福之膳，凡獻無常物，膳則專於熟食也；葷桃茢，皆以辟凶邪，葷，薑及辛菜也，茢，葵帚也，去葷止有桃也，此貴賤之別；造於膳宰，既致命而授之也，不親拜，明使宰之故，於大夫、於士，亦謂大夫、士之臣吏也；獻熟食者，操醬齊以致命，致命竟，即以所獻付主人之食官也。

大夫拜賜而退，士待諾而退，又拜，弗答拜。大夫親賜士，士拜受，又拜於其室。衣服，弗服以拜。敵者不在，拜於其室。

拜賜而退，告君之小臣，使入白，不待報即退也；待諾，待傳報也，又拜者，小臣傳君諾，出又拜君之諾報也；然士雖又拜君，終弗答士拜，士賤也；室猶家也，士拜受，又拜於其家，是再拜也，弗服以拜，下於君也，不在束饋時，不及親拜而受也，見則不復往。

凡於尊者有獻，而弗敢以聞。士於大夫不承賀，下大夫於上大夫承賀。親在，行禮於人稱父，人或賜之，則稱父拜之。

有獻而弗敢以聞，謂獻詞也，但當云致馬資於有司，及贈從者之類；承，受也，尊卑不敵，不敢屈尊也；稱父者，事統於尊，子無私交私受也。

禮不盛，服不充，故大裘不褻，乘路車不式。

凡大事，不崇曲敬也，充字費解，當作襲字，大裘謂祭天裘，上有十二章之衣裳，路車，謂玉路，乘以祀者。

父命呼，唯而不諾，手執業則投之，食在口則吐之，走而不趨。親老，出不易方，復不過時。親癠色容不盛，此孝子之疏節也。

命，命之以事，呼，呼之使至也，唯諾皆應，而唯加速走；趨皆步，而走加疾，且皆不為容也；不易方，即必有方也，復，還也，不過時，如云日中還不得過中也，癠，病也，盛，充暢也，疏節猶言末事。

父歿而不能讀父之書，手澤存焉爾；母歿而杯圈不能飲焉，口澤之氣存焉爾。

不能，不忍也，圈，屈木所為，卮匜之屬，人已澤存，感而生哀也。

君入門，介拂闑，大夫中棖與闑之間，士介拂棖。賓入不中門，不履閾，公事自闑西，私事自闑東。

君入門謂兩君相見也，介，上介卿也，闑，門中橛也，棖，門楔也，君入必中門，上介夾闑，大夫介、士介雁行於後，示不相沿也；賓，聘卿也，中門，當棖闑之間，不中門，避君行處也；閾，門限也，公事，聘享之事，私事，私覿等事也，自闑西，賓禮也，自闑東，從臣禮也，本國之臣，出入皆自闑東，從君也。

君與尸行接武，大夫繼武，士中武，徐趨皆用是。疾趨則欲發而手足毋移，圈豚行不舉足，齊如流，席上亦然。端行，頤溜如矢，弁行，

剡剡起屨，執龜玉，舉前曳踵，踖踖如也。

武，迹也，接武，二足相躡，左右各半也；尊者行舒步狹，君與尸之行皆然也，繼武，迹相及也，中武，迹間容迹也，徐趨，趨之徐者，是指上三者行武而言；發，起屨也，毋移者，起屨雖疾，而手足之容不可改度也；圈豚，行不舉足，謂迴旋而行也；豚性好散，圈之則迴旋於中，故以取況；齊，裳下緝也，足既不舉，身又俯折，則裳下委地曳足，如水流狀也，在席上未坐，其行亦如是，以上皆謂祭時行法也；端行，端冕而行，如矢言直也，冕形前俯，而頤如屋溜之垂，其實頸直如矢，此又專舉行者之頭容言也；弁行，謂服爵弁、韋弁、皮弁而行也，剡剡，高竦貌，於起屨見之，舉前曳踵，謂初興足前，猶曳足踵行，不離地也，踵，跟也，踖踖，舉足狹數之貌。

凡行容愓愓，廟中齊齊，朝庭濟濟翔翔。

行謂道路也，愓愓，直疾貌，齊齊，恭愨貌，濟濟翔翔，莊敬貌。

君子之容舒遲，見所尊者齊遬。足容重，手容恭，目容端，口容止，聲容靜，頭容直，氣容肅，立容德，色容莊，坐如尸，燕居告溫溫。

舒遲，閒雅也，齊遬，加整肅也，足容重，舉欲遲也，手容恭，高且正也，目容端，不睇視也，口容止，不妄動也，聲容靜，不噦欬也，頭容直，不傾顧也，氣容肅，似不息也，立容德，中立不倚，德容自然也，莊，嚴正也，告謂告語有所教使也，溫溫，和厚貌。

凡祭，容貌顏色，如見所祭者。

《論語》云祭如在是也，此論祭容。

喪容纍纍，色容顛顛，視容瞿瞿梅梅，言容繭繭。

纍纍，羸憊貌，顛顛，憂思貌，瞿瞿梅梅，不審貌，繭繭，聲氣微也，此論喪容。

戎容暨暨，言容詻詻，色容厲肅，視容清明。

暨暨，果毅貌，詻詻，教令嚴也，厲肅，威嚴也，清明，察於事也，此論戎容。

立容辨，卑毋諂，頭頸必中。

辨，有分辨也，如對君父、接賓客，涖官臨民，各有當然之則也；卑毋諂者，立必磬折，自卑然，以恭敬為主，不可以諂而自屈也，此以專論立容。

山立時行，盛氣顛實，揚休玉色。

山立，言凝重不可動搖也，時行，言行乎氣機之自然，如四時之流行也，盛氣，言其氣之剛大也，顛同填，顛實、揚休者，其氣浩然，充實於中，則發揚多休美也，玉色，顏色如玉，即休之外揚者。

凡自稱：天子曰予一人，伯曰天子之力臣。

伯即上公為二伯者，力臣，言為天子宣力四方也，此皆對諸侯之詞。

諸侯之於天子曰某土之守臣某，其在邊邑，曰某屏之臣某。其於敵以下曰寡人，小國之君曰孤，擯者亦曰孤。

於天子，對天子自稱也，蓋此雖朝覲之稱，其猶後世上表若章奏歟？邊邑謂在采服、衛服者，屏，藩也，諸侯，侯伯也，小國之君，小男也，擯，相禮者。

上大夫曰下臣，擯者曰寡君之老，下大夫自名，擯者曰寡大夫。世子自名，擯者曰寡君之適。

下臣猶曰下官，云擯者，皆主見他國之君而言。

公子曰臣孽。士曰傳遽之臣，於大夫曰外私。大夫私事使，私人擯則稱名。

孽當為枿，蓋古通也，木之旁出者，猶庶子之異於適，故公子以自稱也；傳遽，傳遞遽令也，士以事人為事，故自言服傳遽之賤役也，士有仕於朝者，有仕於家者，朝為公而家為私，言外私，謙詞，亦若大夫之私人而在外者也；私事使，私人擯則稱名，若趙襄子使楚，隆弔吳夫差之類，其稱曰「寡君之老，無郵使陪臣隆」是也；禮，大夫之交不出境，此云私事，使亦衰世之慝禮也。

公士擯則曰寡大夫、寡君之老。大夫有所往，必與公士為賓也。

此聘禮也，大聘使卿，即上大夫，則曰寡君之老，小聘使下大夫，則曰寡大夫；公士為賓，謂作介也。

禮記卷十四　明堂位

明堂方三百步，無屋，即《周官・司儀》王大合諸侯，為壇三成，宮旁一門之制也，與《月令》十二室之明堂異。位，陳列之位，此篇隋經籍志亦云馬融增入。

昔者周公朝諸侯於明堂之位。

此言周公始制天子朝諸侯為明堂之位也，文義與《孝經》「昔者周公郊祀后稷，宗祀文王」同。

天子負斧依南鄉而立。

天子謂成王以下；負之言背也；斧依，斧文屏也，《周官・司几筵》王位設黼依，依前南鄉，是此制，至東周襄王狩河陽，作王宮於踐土猶然。

三公，中階之前，北面東上。諸侯之位，阼階之東，西面北上。諸伯之國，西階之西，東面北上。諸子之國，門東，北面東上。諸男之國，門西，北面東上。

三公，外三公也；中階謂兩階之中，非別有中階也；三公不言位，天子與三公南北相對，為君臣之正位，俱不待言也；諸侯言位，則諸伯以下可知，諸伯以下言國，視侯加多也；門如宮之畢門，以上皆六服內五等之君，故子、男之位在畢門內。

九夷之國，東門之外，西面北上。八蠻之國，南門之外，北面東上。六戎之國，西門之外，東面南上。五狄之國，北門之外，南面東上。

此蠻夷鎮三服及九州島之外之國也，九、八、六、五蓋其種類之別，夷、蠻、戎、狄則東南西北之分也；四門，宮旁之門。

九采之國，應門之外，北面東上。四塞，世告至。此周公明堂之位也。

九采，九州島之牧典貢職者，即上公、侯、伯也；應門在路門外，四塞猶言四夷，即外三服及蕃國之君也；世告，至世一見也，重言之者，此本非大合之位，特因言明堂位而連及之，蓋諸侯將見新王，其位先在應門外，如《尚書‧顧命》所云是也；再言此周公明堂之位，明周公始創此禮，前此未有也，此蓋魯史所載，故記者引之。

明堂也者，明諸侯之尊卑也。

此下乃記者之意所自作，然文多鄙陋，蓋周秦時小儒之筆。

昔殷紂亂天下，脯鬼侯以饗諸侯。是以周公相武王以伐紂。武王崩，成王幼弱，周公踐天子之位以治天下。

鬼侯，殷時諸侯，脯謂以人肉薦也；踐天子之位，亂道也，義已詳《文王世子》。

六年，朝諸侯於明堂，制禮作樂，頒度量，而天下大服。

六年，蓋謂成王即位之六年，然亦未詳所據；朝於明堂，大合諸侯也；制禮作樂，定新王一代之禮樂也；頒度量，亦班新王之度量以一天下也，此本皆成王主之，而記屬之周公，亦亂道也。

七年，致政於成王。

此亦亂道也，周公與召公、大公同為輔相，並未專政，何致政之有？蓋因讀《尚書‧洛誥》不熟，誤於「周公誕保文武受命七年」而生此說。

成王以周公為有勳勞於天下，是以封周公於曲阜，地方七百里，革車千乘。

此亦非也。王功曰勳，事功曰勞；曲阜，魯國城地名，封曲阜者，魯公伯禽耳，周公自為圻內三公，非以曲阜封周公也，況周公之後封國者，尚有凡、蔣、邢、茅、胙、祭，豈止魯乎？地方七百里，蓋亦據定公、哀公時取，非其有者，言《詩‧頌》曰「王曰叔父，建爾元子，俾侯于魯」，又曰公車千乘，公徒三萬，則魯本侯國，封疆方四百里，其食者三之一，自具革車千乘耳。

命魯公世世祀周公天以子之禮樂。

此尤亂道也。魯本侯爵，以遠鎮東方，皆加爵為公，東周以後，週日衰微，魯人無王，自僭用天子禮樂耳，成王何嘗命，伯禽何嘗受，而僭亂者乃輒自誣其君與祖乎？

是以魯君，孟春乘大路，載弧韣；旗十有二旒，日月之章；祀帝於郊，配以后稷。天子之禮也。

大路，殷路也，殷始大常車之制而名路，然猶未有象、金、玉之飾，故郊祀乘之；弧，靜氣所以張幅也，其名曰韣，蓋春郊祀，配以后稷祈穀也。禮，天子四郊，公三郊，侯二郊，伯一郊，子以下無郊，故不成國；魯加公爵，固有三郊，凡有郊者皆得為民祈穀於郊，魯以公爵九命，亦止宜用交龍、九旒之旗；祀句芒於郊，配以后稷，若用十二旒、日月之旗，且祀太昊，皆僭也。

季夏六月，以禘禮祀周公於大廟。

既言歲之季夏，不可更言周之六月，此讀《春秋》不熟之蔽也；大廟，周公廟也，周之禘，祀姜嫄也，姜嫄無夫，故虛設上帝之位，以祀姜嫄而配以后稷，則以后稷為始祖，而姜嫄為始祖所自出也；至魯之禘，乃又以周公為魯公之父，亦似所自出，因以魯公配周公，而僭用周之禘，則非禮矣。

牲用白牡；尊用犧象山罍；郁尊用黃目；灌用玉瓚大圭；薦用玉豆雕篹；爵用玉琖，仍雕，加以璧散璧角；俎用梡嶡。

白牡、犧尊見《魯頌》，白牡，求牛也，犧尊即獻尊；象罍見《禮器》，黃目詳《郊特牲》，於山尊俱見《周官·司尊彝》；灌，以鬱鬯之酒實之黃目，又加承玉瓚，乃以灌地降神也；玉瓚見《大雅·旱麓》詩。禮，灌器天子用全，即玉瓚、大圭也；上公用龍，侯用瓚，伯用將，皆璋瓚也；玉豆，以玉飾豆，后所親薦，見《周官·內宗》；雕，刻也，篹，籩屬，蓋即籩之貴者；琖同醆，見《禮運》；仍，因也，仍雕，因爵形加雕飾也；加，加爵也，璧散璧角，以璧飾散爵、角爵之口也；梡有四足，嶡為之距。以上大都皆天子之儀物，或有為天子特賜者，而魯之僭竊居多耳。

升歌《清廟》，下管《象》；朱干玉戚，冕而舞《大武》；皮弁素積，裼而舞《大夏》。

升歌《清廟》，下管《象》，見《文王世子》；朱干，赤大盾也，戚，斧也，冕，孤卿以上之服，《大武》，武王樂；皮弁、素積，大夫服也，素積惟裳，襞積而色白也，裼亦臣見君之服，《大夏》，禹樂。此蓋賓祭、養老皆用之，亦多僭天子者。

昧，東夷之樂也；《任》，南蠻之樂也。納夷蠻之樂於大廟，言廣魯於天下也。

夷、蠻之樂本通於天下，《周官》鞮師、旄人皆掌教之，則學之者眾矣，豈獨納於魯之大廟乎？此蓋誇而無當。

君卷冕立於阼，夫人副褘立於房中。

卷，袞衣也，副，首飾編髮為之也，見《周·追師》，《詩·鄘風》「副笄六珈」是也；褘，褘衣，見《玉藻》，后祭服也；魯加公爵，若助祭於王，則君可服卷冕，夫人副揄狄，祭於己，毳冕、鞠衣而已，用袞僭也，褘僭之尤甚者。

君肉袒迎牲於門；夫人薦豆籩。卿、大夫贊君，命婦贊夫人：各揚其職。百官廢職服大刑，而天下大服。

袒而割牲，禮也，肉袒迎牲，妄也，祭當致敬，非有罪，何至肉袒乎？命婦兼內外言，揚，舉也，大刑，重罪也，概言廢職，不詳所職與輕重，而遽云服大刑並肉袒，皆不詞也，即云罰當其罪，亦止能服魯邦耳，乃誇誕其詞曰天下大服，其成文乎？

是故，夏礿、秋嘗、冬烝，春社、秋省而遂大蜡，天子之祭也。

不言春祠，蓋遺脫耳，省，省斂也，省斂非祭，但省所斂之豐嗇而定蜡之通與否也；時祭報賽，諸侯所同，而言天子之祭者，以魯禮多僭天子也。

大廟，天子明堂。庫門，天子皋門。雉門，天子應門。振木鐸於朝，天子之政也。

諸侯宮室各從命數，魯之大廟，其宮之大小與室之多少自不得上僭天子；又云天子明堂，於詞亦未別白，此當云天子大廟，不必與明堂位之明堂混也；皋門、應門，見《大雅·綿》詩，魯以庫門、雉門擬之，亦僭其制耳，《春秋》書新作雉門，又有新作南門，皆僭也；將發令而振木鐸，亦上下之所同，其異者所令，僭天子耳。

山節藻梲，復廟重簷，刮楹達鄉，反坫出尊，崇坫康圭，疏屏；天子之廟飾也。

山節、刻山於薄櫨也；藻梲，畫藻文於侏儒柱也；復廟，重屋也，重簷，重承壁材也；刮，摩也，鄉，牖屬，即窗也，每室八窗為四達；反坫，反爵之坫也，築土為之，在兩楹間近南，兩君為好，既獻反爵於其上；禮，君尊，於兩楹間出尊者，坫在尊南，外於尊也；崇，高也，崇坫，反圭之坫，蓋視反爵之坫加崇，在北當戶牖間，其制未聞；康，安也，坫面南而高，所以安圭也；

疏，刻也，屏謂之樹，即桿思也，刻之為雲氣，禮，天子外屏，諸侯內屏，魯未必外屏，但以疏為飾耳。

鸞車，有虞氏之路也。鉤車，夏后氏之路也。大路，殷路也。乘路，周路也。

鸞，有鸞和者，鸞在衡和在軾，虞時始有此制；鉤有曲輿者，謂曲前闌也；路者，大車之名，虞夏雖有鸞鉤之飾，然止以車名，未名路也，至殷乃始有路耳，記概以路言，亦少別白乘路，蓋謂金路以下，魯未必有玉路也。

有虞氏之旂，夏后氏之綏，殷之大白，周之大赤。

綏，挽以上車之索，鄭云當為緌，則干首之飾即干旄也，綏、緌蓋古通；旂，交龍旂也，有虞氏當言綏，夏后氏當言旂，誤倒耳；大白、大赤，皆旂名，見《周官·巾車》。

夏后氏駱馬，黑鬣。殷人白馬，黑首。周人黃馬，蕃鬣。

駱本白馬也，馬以鬣色為尚，白馬黑首，則鬣白矣；蕃蓋鬣多而長，且覆及目者，不言色，染之以朱，非本色也。

夏后氏，牲尚黑，殷白牡，周騂剛。

剛，牡也。

泰，有虞氏之尊也。山罍，夏后氏之尊也。著，殷尊也。犧象，周尊也。

泰用瓦，著無足。

爵，夏后氏以琖，殷以斝，周以爵。

斝與稼通，其爵畫禾稼也。

灌尊，夏后氏以雞夷。殷以斝，周以黃目。

夷、彝古通，《周官·司彝尊》春祠、夏禴，祼用雞彝、鳥彝；秋嘗、冬烝，祼用斝彝、黃彝。

其勺，夏后氏以龍勺，殷以疏勺，周以蒲勺。

其勺，灌器之首、注酒之勺也，龍為龍首，疏蓋加刻雲飾，蒲則又加蒲草形也。

土鼓蕢桴葦籥，伊耆氏之樂也。

土鼓蕢桴見《禮運》，葦籥，截葦為籥；伊耆氏，堯號也。

拊搏玉磬揩擊，大琴大瑟，中琴小瑟，四代之樂器也。

拊搏、揩擊皆鼓磬、琴瑟輕重、徐疾之法，與他磬琴瑟不同者。

魯公之廟，文世室也。武公之廟，武世室也。

武公，伯禽玄孫，名敖；周公為始祖，故在太廟，魯公為始封，故次之有世室，皆百世不毀，固非文王追王比也；武公之宮乃季文子以牽之功既毀復立，非禮之事，豈可與武世室比乎？且季平子又立煬宮，何沒而不言，是亦誇而又支之說。

米廩，有虞氏之庠也；序，夏后氏之序也；瞽宗，殷學也；頖宮，周學也。

米廩未詳，蓋以其廩之米養老，其中亦有宮室，故謂之；虞庠，即《王制》所云在西郊者，序，州序也，廩在郊，序在鄉；瞽宗，見《周官·大司樂》，祭先瞽之處，即在頖宮；頖宮，見《禮器》，此郊、鄉國學之異名耳。

崇鼎，貫鼎，大璜，封父龜，天子之器也。越棘，大弓，天子之戎器也。

崇、貫、封父，越皆國名，鼎、棘、龜皆其國之名器也，大璜，夏后氏之璜，棘，戟也，大弓，繁弱。

夏后氏之鼓，足。殷，楹鼓；周，縣鼓。

足，謂四足也，楹謂之柱，貫中上出即韜也，懸，懸之簨虡也。

垂之和鍾，叔之離磬，女媧之笙簧。

垂，堯時共工和，鍾，編鍾也，以其聲調，故曰和；叔未詳，離、麗古通，麗，耦也，成對之磬也；女媧次垂叔下，則人當在其後，以為是三皇承伏羲者，恐荒誕也，笙簧，笙中之簧。

夏后氏之龍簨虡，殷之崇牙，周之璧翣。

簨虡，所以懸鍾磬也，橫曰簨，植曰虡，夏皆飾以鱗屬，即龍也，至殷則於簨上更加大板為之截，業在上而崇，其形如牙，故曰崇牙；翣，扇也，璧翣，畫繒為扇，戴小璧於扇上也，周於業之兩端又有璧翣，飾之彌文也。

有虞氏之兩敦，夏后氏之四連，殷之六瑚，周之八簋。

皆盛黍稷器制之異同，未聞簋竹器之圓者，蓋皆飾之以玉。

俎，有虞氏以梡，夏后氏以嶡，殷以椇，周以房俎。

桄，斷木為四足，無餘飾也；巖，蹙也，中足為橫距也；椇，如枳椇之枝，加曲橈於橫以為飾也；房，謂足下有跗，外庳如堂，後有房。

夏后氏以楬豆，殷玉豆，周獻豆。

豆，木豆，楬豆，以木為柄，無餘飾也，玉則飾之以玉；獻豆，未詳，或云疏刻之。

有虞氏服韍，夏后氏山，殷火，周龍章。

舜始作韍以尊祭服，以韋為之，亦無餘飾；夏乃畫山，殷更加火，周彌文，又以龍為章也。

有虞氏祭首，夏后氏祭心，殷祭肝，周祭肺。

言四代之祭各有所尚，亦兼用也。

夏后氏尚明水，殷尚醴，周尚酒。

此亦謂後世彌文，然言尚非也，遺玄酒亦非。

有虞氏官五十，夏后氏官百，殷二百，周三百。

官謂王朝治事之官，凡任地治者不在內，此亦舉大數耳，若周官有三百六十矣，魯豈備四代之官？此非誇詞之弊，乃雜沓率陳，並忘其立言本意耳。

有虞氏之綏，夏后氏之綢練，殷之崇牙，周之璧翣。

此皆喪葬旌旗之飾。綏即戴綏之綏；夏既綢槓以練，又以練為旒也；殷以武受命，恒以牙為飾；周制，天子八翣，皆戴璧垂羽，諸侯六翣，皆戴圭，大夫四翣，士二翣，皆戴綏。

凡四代之服、器、官，魯兼用之。是故，魯，王禮也，天下傳之久矣。君臣，未嘗相弒也；禮樂刑法政俗，未嘗相變也，天下以為有道之國。是故，天下資禮樂焉。

王禮字、天下傳之字、君臣相弒字，俱不詞。

禮記卷十五　喪服小記

此因禮有喪服篇，而以為之記也，謂之小者，言若末節然，非其大者也。

斬衰，括髮以麻；為母，括髮以麻，免而以布。齊衰，惡笄以終喪。

衰，凶服名，其制當心曰衰，當背曰負，左右曰辟，而通言衰者，以哀雖見於服，其本在心也；不緝曰斬衰，緝之曰齊衰，括髮，束髮為髻也，既括髮，則以麻自項以前交於額上，郤繞紒如著幓頭焉；免，去冠也，以布與以麻異，用布卷幀，約四垂而露髻，即冠之武也，帶，腰帶也，惡笄，榛木笄也；禮，親始死，子布深衣、去冠露紒，將小斂，仍著冠視斂，斂訖投冠而括髮，為母初喪至小斂後括髮，與父同，故亦云括髮以麻也；免而以布者，母服輕，至尸出堂，主人降自西階，東即堂下之位，拜賓，乃不復括髮，而著布卷幀，踴而襲絰帶，以至成服也，然士喪禮主人括髮袒，眾主人免於房，則雖為父，亦為後者袒括髮而已，眾主人皆免也，帶惡笄以終喪者，婦人質，有除無變要絰及笄，不更易服，竟除之而已。

男子冠而婦人笄，男子免而婦人髽。其義：為男子則免，為婦人則髽。

男子所以冒首者冠，女子所以貫髮者笄，謂吉服也，及凶而變，則男子去冠而免，婦人去笄而髽也，髽無紒，但以麻若布結髮而已，免與髽所以別男女也，蓋去冠與笄，男女之首服幾於無別，故曰其義。

苴杖，竹也；削杖，桐也。

苴，黯也，至痛內結，必形色外章，心如斬斫，故貌蒼苴也，竹內外有節，且四時不改，明子為父有終身之痛，故斷而用之；削，殺也，桐，同也，削桐

-247-

為杖，上圜下方，桐外無節，且經時則變，明子為母痛與父同，而家無二尊，殺於父也，杖以扶病，病由心起，故杖之高下，皆以心為限。

祖父卒，而后為祖母後者三年。

此論嫡孫承重之服，祖父在則其服，如父在為母。

為父母，長子稽顙。大夫弔之，雖緦必稽顙。婦人為夫與長子稽顙，其餘則否。

稽顙猶稽首也，禮，非至重不稽首，則喪非至重，不稽顙矣；父母，至尊也，長子，正體也，皆至重也，雖緦必稽顙，尊大夫，不敢以輕待之也，婦人移天於夫，而傳重於長子，故雖父母，亦為其餘，以其恩減殺，受重他族也。

男主必使同姓，婦主必使異姓。

謂為無主後者為主也，異姓，同宗之婦，婦人外成，已適他族，不得主同宗也，喪必有主以接賓，無則攝主亦必從其同異之姓。

為父後者為出母無服。

父在，子為出母期，若為父後，則不敢以己私廢父所傳重之祭。

親親，以三為五，以五為九。上殺，下殺，旁殺，而親畢矣。

己上親父、下親子，三也，以父親祖、以子親孫，五也，以祖親及高祖、以孫親及玄孫，九也，殺謂親益疏，則服從輕也，以五為九，不言七者，上而曾、高皆為遠祖，下而曾、玄皆為遠孫也，親畢者，自高而上，自玄而下，多勢所不及見，而旁殺之親，亦以之為準而窮矣。

王者禘其祖之所自出，以其祖配之，而立四廟。庶子王，亦如之。

祭祖之所自出謂之禘，王者之禮也，祖，始祖也，自，從也，女子所生曰出，配，配享也，始祖無父，如后稷之生於姜嫄，以為天帝之所生，故謂之祖所自出，此《喪服傳》文也；四廟，四世及禰之宮，諸侯迭毀之親廟也，庶子王，庶子為君者。此節文多脫誤，宋劉敞曰「下文『禮不王不禘』五字，當在此節上，『而立四廟』上脫『諸侯及其大祖』六字，『庶子王亦如之』句當在後『慈母與妾母不世祭也』之下」，然「以其祖配之」之下尚有闕文；傳云天子七廟，德厚流光，則天子羣宮迭毀，及禰當有六廟，隆殺以兩，故諸侯立四廟也；禮，庶子為君，為其母築宮，使公子主其祭，於子祭、於孫止，亦如之，亦不世祭也。

別子為祖，繼別為宗，繼禰者為小宗。

別子，庶子也，謂之別者，不徒庶也，或為諸侯，或為大夫，後世因之別立一宗也，不然庶子多矣，生既無爵，其死也孰祖之，而其後又孰宗之乎？祖，始祖也，別子既為諸侯若大夫，則為其後之始祖也，繼別者，別子之嫡子孫也，宗，宗子也，宗之尊次於君；古者生民之初，父子相繼，未有君臣，其後兄弟族屬子姓漸繁，乃有宗法，至分宗別姓，人日益眾，而後君道立焉，又其後君道大明，君天下者為天子，君一國者為公侯，而宗道終不可廢，故為卿大夫者，猶得立宗以統其族，所以繼別為宗也；禰，近也，統有服之尊親言，凡為之後者，皆曰禰，不必專於父也，繼禰者為小宗，即釋繼別為宗也，言為宗之道，始於小宗繼禰者也。

有五世而遷之宗，其繼高祖者也。

此說非也，五世而遷，謂親盡也，故以繼高祖為言，然宗法始祖，百世不毀，故宗子更為大夫，不以小宗廢大宗，寧遷宗子，而始祖不遷也，若庶子別為大夫而立宗，又何論高曾祖禰乎？且大夫立宗止上及二世，則高曾皆遷，豈得五世乎？若諸侯又當別論。

是故，祖遷於上，宗易於下。

此說亦非也，始祖無可遷之理，若大夫三廟，曾祖已上無不遷，而宗則不易也，宗子無後，猶當以庶子為之嗣。

尊祖故敬宗，敬宗所以尊祖禰也。

此謂支庶也，若宗子則以收族為尊祖矣。

庶子不祭祖者，明其宗也。

此謂庶孫為大夫者也，凡為大夫者，雖支庶亦得祭祖禰，然其祭之也，必立廟於嫡子之家，使嫡子主其祭，不敢干嫡也；然嫡子不必皆宗子，記者之意以為凡嫡子皆有宗道，故即以庶子不祭祖為明其宗耳，其實宗與嫡亦有別，必嫡子即宗子，乃可謂之明其宗，春秋之末，諸侯之卿不命於天子，而宗法混淆，有庶子皆別立宗，皆非禮也。

庶子不為長子斬，不繼祖與禰故也。

己非正體，子無所承重，故子雖嫡，不能異哀於庶也，言繼蓋亦以宗言，然喪服經，父為長子斬，不分嫡庶，則傳記亦未可盡信。

庶子不祭殤與無後者，殤與無後者從祖祔食。

殤，未成人者，無後，成人而無子者，不祭，謂不祭於庶子家也，《曾子

問》云祭於宗子之家，當室之白，是謂陽厭是也，凡殤與無後者，不能特祭，惟從祖附食而已，庶子不能祭禰，故不祭也。

庶子不祭禰者，明其宗也。

此亦謂庶子為大夫者也，自不祭祖至此，皆反覆中明尊祖敬宗之道，庶不亂嫡，與支不二宗，其義一也。

親親尊尊長長，男女之有別，人道之大者也。

此泛論禮之大經，以原服之所以有隆殺。

從服者，所從亡則已。屬從者，所從雖沒也服。妾從女君而出，則不為女君之子服。

從服者，非己之本服，在正服、義服之外者也，亡，沒也，已，止也，所從亡則已，謂徒從者也，徒從有四：一是妾為女君之黨，二是子從母，服於母之君母，三是妾子為君母之黨，四是臣從君而服君之黨，四者之中，惟女君沒，妾猶服其黨，其餘皆所從亡則已也；屬者，骨肉連續，以為親也，屬從亦有三：一是子從母，服毋之黨，二是妻從夫，服夫之黨，三是夫從妻，服妻之黨，以親屬故，雖所從者沒，猶服也，妾為女君之黨與女君同，然從女君而出，女君猶為子期，妾於義絕，無施服也。

禮不王不禘。

此當在「王者禘其祖」之上，脫亂於此，禘本享先妣之禮，祖妣精氣合，不二尸，而先妣無夫則設虛位者，上帝也，不王者焉得而僭之。

世子不降妻之父母；其為妻也，與大夫之適子同。

此說非也，世子無婚禮，安得有妻及妻之父母乎？此皆春秋末衰世之說，喪服固無其文也。

父為士，子為天子諸侯，則祭以天子諸侯，其尸服以士服。父為天子諸侯，子為士，祭以士，其尸服以士服。

禮，尸服，卒者之上服，父本無爵，子不敢以己爵加之，嫌於卑之也，祭以天子諸侯，猶養親之道也，舜於瞽瞍蓋本如是，周之追王又當別論也，至父為天子、諸侯，乃以子故而尸服士服，則又因時達變，雖子所甚不忍，而亦無可奈何者耳，蓋王者之後得用天子之制，乃新王之特典，而非亡國之子所敢干也，則諸侯亡國亦可以類推矣，若父為大夫、子為士，則尸又不嫌服大夫服，以天子世天下、諸侯世國、大夫不世爵，子雖為士庶，而宗猶不廢也。

婦當喪而出，則除之。為父母喪，未練而出，則三年。既練而出，則已。未練而反，則期；既練而反，則遂之。

當喪，為舅姑之喪也，出則除之，情義既絕也，女嫁則恩隆於夫家，被出則恩復隆於父母，得反則恩復隆於夫家，既練而反，則服不可中道而除，故遂其三年，凡此皆以仁起禮也。

再期之喪，三年也；期之喪，二年也。九月七月之喪，三時也；五月之喪，二時也；三月之喪，一時也。故期而祭，禮也；期而除喪，道也。祭不為除喪也。

三年至一時，言喪之節應歲時之氣也，期而祭，謂練祭也，除喪謂男子除首絰，婦人除要帶也，禮緣人情，道在天時，各有所為，雖同時而兩事，故祭自祭、除喪自除喪，非相為也。

三年而後葬者必再祭，其祭之間不同時而除喪。

此變禮也，三年而後葬，必身有事，故不得及時而葬也，未葬則雖期未可練，雖再期未可祥，必待葬畢而後再祭也，再祭者，練、祥也；間不同時，當異月也；既祔，明月練而祭，又明月祥而祭，必異月者，葬與練、祥本異歲也，除喪謂練時除首絰、要帶，祥時除衰杖也，已祥則不禫，蓋此又承上而言，祭雖不為除喪，而除喪者必因乎祭，以祭本吉事，而除喪亦所以從吉也。

大功者主人之喪，有三年者，則必為之再祭。朋友，虞祔而已。

大功者，從父兄弟也，主人之喪，謂死者無近親，而從父兄弟為之主喪也，有三年者，謂死者有妻若子，妻不可為主，而子猶幼小，未能為主，故大功者為主之，為之再祭，即至於終喪也，朋友虞祔，非同姓，當引嫌，非大功同居、同財比也，若貧賤患難之相收恤，又當別論。

士妾有子，而為之緦，無子則已。

喪服，大夫為貴妾緦，士卑，妾無貴賤，故無子即無服。

生不及祖父母諸父昆弟，而父稅喪，己則否。

生謂己生於外也，父以他故，居異邦生己，己不及此親存時歸見之，今其死，又於喪服年月已過乃聞，「祖父母」上尋文推義，當脫「從」字，稅，追服也，從祖父母、諸父昆弟，謂己之從祖父母及從祖父母之子若孫，為己之再從諸父、再從兄弟也，從祖父母於父為期，其諸父及昆弟皆於父為大功而已，皆小功，小功不稅，即謂此也，蓋恩情本輕，況又生不及見乎？

為君之父母、妻、長子，君已除喪而後聞喪，則不稅。

君之父母，謂君以支庶入後大宗，其父母之服從降厭者也，然詞亦欠別白，若先君及先君之夫人，豈可不稅乎？蓋此本因君從服，非正服也，君未除則從服，君已除則不稅，以其為徒從也。

降而在緦小功者，則稅之。

此當在「父稅喪，己則否」下；降，降服也，謂正親本齊衰、大功。

近臣，君服斯服矣；其餘，從而服，不從而稅。君雖未知喪，臣服已。

近臣，執御之臣，閽寺之屬也，君服斯服，以君之服不服為臣之服不服也，不知喪而稅，若朝覲之屬，不時反而不知喪也，其餘若羣介、行人、宰史也，臣服已者，君雖在外，臣在國中，當即先服，不以從服而不服也。

虞，杖不入於室；祔，杖不陞於堂。

此論去杖之節，虞於寢，祔於祖廟，不入、不升，祭主於敬，虞有饗神、酳獻諸禮，祔且祭及於祖，故敬彌多，而辟杖愈遠也，喪主如此，則眾主人不以杖即位矣。

為君母後者，君母卒，則不為君母之黨服。

此君母謂庶子為君之母，非嫡母也，禮，庶子為君，為其母築宮，使公子主其祭，此謂君母已卒者也，若君母未卒，當亦使公子為之後，既為之後，則當從服，惟君母卒，乃不為君母之黨服，所從亡則已也。

絰殺五分而去一，杖大如絰。

《喪服傳》云：首絰大搹，左本在下，去五分一以為帶，帶即要絰也，首尊要卑，卑者宜小，故五分而去一，象服數有五也，如絰，如首絰也，當視帶較大。

妾為君之長子與女君同。

女君為長子三年，妾亦從服，不敢以輕服，服君之正統也，《喪服》記妾為女君之長子，惡笄有首布，總不言髽，蓋三年與女君同，而不髽則微異也。

除喪者，先重者；易服者，易輕者。

除喪謂練，則男子除首絰，婦人除要絰也，易服謂大喪既虞、卒哭，而遭小喪，則男子易要、婦人易首也，男不變首，女不變要者，以其所重故也，若未虞、卒哭，則輕喪不能變重喪也，餘詳《間傳》。

無事不辟廟門。哭皆於其次。

辟，開也，廟門，殯宮堂下中門，不辟，鬼神尚幽闇也，次，倚廬也，在中門外，若賓來弔及朝夕哭，併入門，即位而哭也。

復與書銘，自天子達於士，其辭一也。男子稱名，婦人書姓與伯仲，如不知姓則書氏。

復，招魂復魄也，銘，名也，書銘以名，書於明旌也，天子則銘於大常，以下各從其旗物書名，雖天子亦然，欲其形神相依，苟非稱名，嫌有疑誤也；婦人不名者多，故止以姓兼伯仲氏族也，如孟孫、叔孫為氏，其姓則姬也，蓋復與書銘是兩事，復本有爵、號、字，行之不同，但其詞無二耳，稱名以下又專指書銘言，記者不加別白，牽連出之，乃滋後人之惑，然復本無可書，亦當共知。

斬衰之葛與齊衰之麻同。齊衰之葛與大功之麻同。麻同，皆兼服之。

此論先遭重喪，後遭輕喪，麻葛兼服之義，同，同殺，五分去一也，斬衰既虞、卒哭，變服即葛，與齊衰初喪麻絰帶同；齊衰既虞、卒哭，變服即葛，與大功初喪麻絰帶同，麻葛皆兼服者，《間傳》斬衰之喪既虞、卒哭，遭齊衰之喪，輕者包、重者特是也，包謂以葛包麻，男子要絰、婦人首絰，皆包也，特則男子首絰、婦人要絰，其葛皆不易也，其所以不易者，以其本同，而所以包者，重喪之痛可外加而不可中變也。

報葬者報虞，三月而後卒哭。

報猶速也，報葬不及期，而葬或因事變，不得不速葬也，虞所以安亡者之靈，不可一日離，故報葬即報虞矣，卒哭之祭則以節，生者哀痛之情不能自己，亦不可遽奪，故猶必三月而後舉也。

父母之喪偕，先葬者不虞祔，待後事。其葬，服斬衰。

偕，俱也，謂同月若同日死也，後事，後葬之事，謂父也，《曾子問》葬先輕而後重，反葬奠，而後辭於殯，遂修葬事，其虞也，先重而後輕是也；其葬服斬衰者，雖葬母，猶服斬衰，以父是重喪，未葬不變服也，言葬服斬衰，則虞祔各以其服矣，及練祥皆然，卒事反服重。

大夫降其庶子，其孫不降其父。

此節所言無謂，當刪，禮，為眾子齊衰不杖期，大夫尊，降在大功，眾子之兄弟從父厭而亦大功，乃旁期耳，其孫雖大夫之孫，固庶子之子，子不降

父，此何待言，即云為人後者有降其父毋之說，豈得援以為例？

大夫不主士之喪。

貴不主賤也，此與前「大功者，主人之喪」同，亦兼辦〔註1〕護言，雖不為主，而其財費等事，當自大夫者，皆大夫也。

為慈母之父母無服。

慈母即《喪服》中父命為母子者也，無服，本非骨肉，恩所不及也。

夫為人後者，其妻為舅姑大功。

夫為本生父母期，其妻降一等，故大功亦從服也。

士祔於大夫則易牲。

易牲，用大夫少牢，不敢以賤者之牲祭貴也，此以初祔於祖言，大夫貴，不絕族，故士可祔也。

繼父不同居也者；必嘗同居。皆無主後。同財而祭其祖禰為同居；有主後者為異居。

繼父者，父死子幼，隨母嫁後夫成立者也，《喪服傳》繼父同居則齊衰期，異居則齊衰三月，必嘗同居，然後為異居，未嘗同居，則不為異居，據傳則此必嘗同居，下當有「然後為異居」五字，蓋未嘗同居，則未隨母嫁，固自路人，無繼父之名，亦無服也，皆無主，則皆無大功親矣，皆無後，則子未娶，父亦未生子也，惟無主後，故同財而使子祭其祖禰於其家也，有主後者，繼父自有子也。

哭朋友者於門外之右南面。

變於有親者也，右，西邊也，南向為主，以答弔客，《檀弓》朋友哭諸寢門之外是也。

祔葬者不筮宅。

祔、附古通，宅，葬地也，祔葬不筮，前人葬已筮也。

士大夫不得祔於諸侯，祔於諸祖父之為士大夫者，其妻祔於諸祖姑，妾祔於妾祖姑；亡則中一以上而祔。祔必以其昭穆。諸侯不得祔於天子，天子、諸侯、大夫可以祔於士。

卒哭以前祭於寢，猶以人道事之也，卒哭以後祔於廟，無廟者為壇祔之，

〔註1〕此處疑當為辯字。

此以鬼道事之也，必有所祔，蓋新鬼從故鬼之義也，必以昭穆父子，嫌以親而瀆祖孫，則遠不嫌也，賤不祔貴者，貴賤之別，因人而推幽明一也，士或祔於大夫，而大夫、士不得祔於諸侯，諸侯之貴，絕宗君道所繫，臣不敢以親褻也，貴可祔賤，不可以爵卑其祖也，士大夫謂公子、公孫之為士大夫者，兄弟之孫可祔於諸祖父，猶士大夫之庶宗士大夫之嫡也，中，間也，無祖姑可祔，則祔於高祖姑也，祔於諸祖父者，喪畢或即自立廟也，若妾祔於妾祖姑，則為壇而祔，不必立廟而祔不可廢，以為鬼道之始也。

為母之君母，母卒則不服。

母之君母，己之外祖嫡母也，亦徒從之服。

宗子，母在為妻禫。

舅沒則姑老，喪之有禫，所以致厚也，父在，嫡子為妻不杖，不杖則不禫，父沒母存，則為妻杖且禫矣，若庶子母在，不為妻禫，以非承重，不敢致厚也。

為慈母後者，為庶母可也，為祖庶母可也。

後字不詞，當改服字，此父命為母子者也，父妾之無子者，亦可命己之庶子與撫養之，撫養之即為之服齊衰三年，非為後也。

為父母、妻、長子禫。

目所為禫者也，故禫有三年者，有期者。

慈母與妾母，不世祭也。

世猶世世也，不世祭，以非正也，《春秋傳》曰於子祭、於孫止，蓋妾母，亦指庶子為君者言，否則庶母安得立廟，前「庶子王亦如之」六字當在此下，嫌王尊，或世祭也。

丈夫冠而不為殤，婦人笄而不為殤。

冠、笄言成人也，丈夫將娶必先冠，女子將嫁必先笄。

為殤後者，以其服服之。

禮，宗子為殤而死，庶子弗為後也，此云為殤後者，代殤以繼大宗，猶官司相承之有前後耳，其服，本應服之服，如本為親昆弟之類，此明宗之下於君也，若君雖童子而死，不可以為殤，則為之後者，皆仍以君服服之。

久而不葬者，唯主喪者不除；其餘以麻終月數者，除喪則已。

久而不葬，如云三年而後葬之類，主喪，謂為子臣妻及嫡孫為後者，不除，

不練祥也，其餘，謂旁親也，以麻終月數，不葬者不變服也，除喪則已者，服竟則除，不待主人葬除也，然此皆藏之，雖總亦藏，至葬則反服其服。

箭笄終喪三年。

箭笄，筱笄也，妻為夫、妾為君、女在室為父之笄，若為母則榛笄，箭笄猶苴杖，榛笄猶削杖，而有三年與期之別，婦人重腰，小祥則除首絰，疑笄亦有變，故記之。

齊衰三月與大功同者，繩屨。

繩屨，以麻繩為屨也，齊衰分尊，大功分卑，三月恩輕，九月恩重，所以親服與月殊也，而差次其恩分之中，所以屨同也。

練，筮日筮尸，視濯，皆要絰杖繩屨。有司告具，而後去杖。筮日筮尸，有司告事畢而後杖，拜送賓。大祥，吉服而筮尸。

練即小祥，有一定之日，何待於筮？如筮不吉，將不祭乎？抑不練乎？下大祥不言筮日，尤見兩「筮日」皆當刪，記誤衍也；臨事去杖，敬也，凡變除者，必服其吉服以即事，祭事吉，不凶臨吉也，筮尸、視濯，皆有賓事畢，乃更執杖，以送賓也。

庶子在父之室，則為其母不禫。

《喪服》公子為其母服，在五服之外，既葬除之，大夫之庶子為其母大功，則此言在父室不禫，為士之庶子言也，蓋妾子皆為父厭，若與嫡同母，則庶子亦從嫡而禫矣，然則庶子與父異宮，亦得申其私情以禫歟？

庶子不以杖即位。

下嫡子也。凡父母之喪，嫡子執杖，進阼階，朝夕哭位，庶子則至中門外而去杖。

父不主庶子之喪，則孫以杖即位可也。

父主嫡子喪，有杖，嫡子之子以祖為其父主喪，故避尊不敢以杖即位，今父不主庶子喪，則庶子之子宜無所厭，可以杖即位矣，蓋禮經無明文，記者以意緣情，而以為可也，然恐非是。

父在，庶子為妻以杖即位可也。

此亦記者蒙上文而約之，然其言謬矣，父在，為妻不杖，況以即位乎？

諸侯弔於異國之臣，則其君為主。

鄰國之君相朝會，而其國有卿大夫之喪，則亦有弔臨之禮，君為主者，弔

由君至也，其禮兩君宜立於階上，要節、哭踊，而主人拜，稽顙於下。

諸侯弔，必皮弁錫衰。所弔雖已葬，主人必免。主人未喪服，則君於不錫衰。

皮弁，朝服弁也，弔必加環、絰，不言，略也；錫衰，有事其布，無事其縷者也，必免者，尊人君為之變也，未喪服，未殯，未成服也。

養有疾者不喪服，遂以主其喪。非養者入主人之喪，則不易己之喪服。養尊者必易服，養卑者否。

此條不知所謂，殆非也。禮，士惟公門脫齊衰，蓋君有疾，其侍御甚眾，固不必專擇有服者養之也，若大夫、士庶之家，尊長有疾，子弟豈得不身親其養？即云有喪，而殯葬有事之時，亦甚有限，又豈以居喪哀戚，而可以置尊親之疾於度外？至於僕妾之屬，即使不服喪服，又無緣言主喪也，其若親故朋友，以恩意相扶持，又何嫌服其服以養疾，而必奪己之喪以為人乎？或云期、大功未葬，斬衰與為母齊衰未練，則使人養而己不得親，恐亦非禮，死者固不能不傷，而疾者又以死者之故，不得親養，以至於死，不更可痛乎？凡此皆衰世習於繁文之謬說，不可據也。

妾無妾祖姑者，易牲而祔於女君可也。

女君，嫡祖姑也，易牲而祔，則凡妾下女君一等，祔者祭之始事，而實喪之終事也，故妾雖無廟不祭，而祔禮不可廢，寧祔於女君焉。

婦之喪、虞、卒哭，其夫若子主之。祔，則舅主之。

婦統嫡婦、庶婦言，虞、卒哭在寢，故夫若子得主之，所祔者舅之母也，故尊者主焉。

士不攝大夫。士攝大夫，唯宗子。

攝大夫，攝盛也，惟昏禮士可攝盛，於喪、祭則僭，而唯宗子猶攝，用大夫之禮，以宗得收族而尊也，蓋雖庶人，凡有大事，宗子俱得攝，用大夫之禮，平居則否。

主人未除喪，有兄弟自他國至，則主人不免而為主。

自他國至，謂五屬之親，遠來奔喪者，免必有時，若葬後唯君來弔，雖非免時亦免，以崇敬兄弟，以親尚質，不須免也。

陳器之道，多陳之而省納之可也；省陳之而盡納之可也。

器，明器也，省，少也，多陳之，謂賓客之就器也，以多為榮，省陳之，

謂主人之明器也，以節為禮；既夕禮，若就器則坐奠於陳，就猶善也，亦明器
也，賓就喪家陳之，故名。

**奔兄弟之喪，先之墓而後之家，為位而哭。所知之喪，則哭於宮而
後之墓。**

兄弟先之墓，骨肉之親，不由主人也，宮，故殯宮也，所知當由主人，乃
致哀戚，故先哭於其宮。

父不為眾子次於外。

次於外，謂於中門之外，為喪次也。

與諸侯為兄弟者服斬。

謂卿大夫以下也，與尊者為親，不敢以輕服服之，言諸侯者，雖在異國，
猶服三年，不以或出奔、不為臣而異也。

下殤小功，帶澡麻不絕本，詘而反以報之。

下殤小功，本齊衰之親也，澡，治也，帶澡麻，治麻使潔白而為帶也，絕，
去也，本，根也，詘同屈，反向上也，凡殤之帶皆散垂，今特屈而向上，蓋扱
於要間，不散亦不樛也，以其親本重，故與凡殤異，報即《喪服傳》報服之報，
猶稱也，言必如是，乃可以稱其親之本重也。

婦祔於祖姑，祖姑有三人，則祔於親者。

親者，謂舅所從生，蓋言祖姑不論嫡妾，以親為重也。

**其妻為大夫而卒，而後其夫不為大夫，而祔於其妻則不易牲；妻卒
而後夫為大夫，而祔於其妻，則以大夫牲。**

其妻為大夫，言祖舅為大夫也，不易牲，以士牲也，祔者，即上孫婦也，
此又承上節詳言之。

為父後者，為出母無服。無服也者，喪者不祭故也。

此條重出，前但述其禮，此則釋其義也。

**婦人不為主而杖者：姑在為夫杖，母為長子削杖。女子子在室為父
母，其主喪者不杖，則子一人杖。**

姑在為夫杖，姑不厭婦也，母為長子削杖，下於夫也，且不可以重於子為
己也，女子子在室，亦童子也，無男昆弟，使同姓為攝主不杖，則子一人杖，
謂長女也，若女子子在室已笄，皆杖也。

緦小功，虞卒哭則免。

緦小功，虞、卒哭，棺柩已藏，嫌恩輕，可以不免也，言則免者既殯、先啟之間，雖有事不免，若葬是喪之大事，棺柩既啟，其免可知。

既葬而不報虞，則雖主人皆冠，及虞則皆免。

此變禮也，不報虞，謂有故不得疾虞，雖主人皆冠，不可久無飾也，皆免，自主人至緦麻也。

為兄弟既除喪已。及其葬也，反服其服。報虞卒哭則免。如不報虞則除之。

為兄弟，謂小功以下也。

遠葬者比反哭者皆冠，及郊而後免反哭。

遠葬，墓在四郊之外也，比，至也，葬既遠，則在郊野之外，不可無飾，故葬訖至欲反哭時皆冠，至郊而後去冠，反哭於廟也。

君弔，雖不當免時也，主人必免，不散麻。雖異國之君，免也。親者皆免。

不散麻者，絞垂自若，為人君變貶於大斂之前、既啟之後也；親者，大功以上也，凡大斂之前免，大功以上散麻，大斂以後著冠不散麻，糾其垂也，至將葬啟殯之後，葬前亦免，大功以上散麻。

除殤之喪者，其祭也必玄。除成喪者，其祭也朝服縞冠。

殤無虞、卒哭及練之變服，故除喪而祭，必以玄冠、玄衣，皆吉服也，成喪，成人之喪，朝服、縞冠，則素裳皆未純吉，至禫而始玄耳。

奔父之喪，括髮於堂上，袒降踊，襲絰於東方。奔母之喪，不括髮，袒於堂上，降踊，襲免於東方。絰即位成踊，出門哭止。三日而五哭三袒。

奔喪謂道遠，已殯乃至也，為母不括髮，至成服一而已，貶於父也，次絰，要絰也，即位以下，父母同也，為母括髮以麻，免而以布，奔喪則不括髮者，蓋初聞喪時不得奔喪，已括髮猶聞父喪，已笄纚徒跣，禮過時不再舉也，奔喪之禮止於三日，五哭者，初聞喪時哭踊無筭，必已有過於在家親送終者也，始至訖夕反位哭，乃出就次一哭也，與明日又明日之朝夕而五哭也，三袒者，始至袒，與明日又明日之朝而三也，若奔喪，未殯與在家同。

適婦不為舅後者，則姑為之小功。

謂夫有癈疾，若死無子等，不受重者也，小功，庶婦之服，凡父母於子、舅姑於婦，其嫡不傳重，與傳重非嫡者服之，皆如庶子、庶婦；「舅」下本或有「姑」字。

禮記卷十六　大傳

傳，訓也，言所訓者，皆其大者也。

禮：不王不禘。王者禘其祖之所自出，以其祖配之。

已詳《喪服小記》

諸侯及其大祖，大夫士有大事，省於其君，干祫，及其高祖。

大祖，始祖也，即始封之君，若魯以周公為大祖，雖非始封，亦別子為祖
也；省猶善也，言有功伐，見省記於君也；干，逆上也，祫本諸侯之禮，大夫
所不當用而用之，是干也，高祖蓋亦謂始祖也，干祫及高祖，僭也；此衰世之
事，記誤引也，禮，諸侯之大夫必三命，上卿受命於天子，而後可以賜族立
宗，上祀有三廟，其不命於天子者，大夫二廟、士一廟耳，既非命於天子，而
止省於其君，尚不得立三廟，何得妄祫高、曾，上僭諸侯之禮？又兼士言，
更混。

牧之野，武王之大事也。既事而退，柴於上帝，祈於社，設奠於牧
室。遂率天下諸侯，執豆籩，逡奔走；追王大王亶父、王季歷、文王昌；
不以卑臨尊也。

大事謂伐暴救民，戎事之大也，祈當作祠，柴祠、設奠，皆告成功，非有
祈也；牧室，牧野之室，古者郊關皆有館，設奠牧室，告成功於遷廟之行主
也；逡，疾也，與駿同；亶父，大王字，其名無考，記者據《緜》詩稱之，然
王季、文王，又名非體也；武王伐紂，既事而告成功於天地，行主禮也，遂率
天下諸侯而追王，不言何所，恐非事實，其事當俟武王即位歸鎬後，《中庸》
言周公成文武之德，追王大王，王季則武王時所追，王者當止有文王，記又約

舉之耳；不以卑臨尊，非也，祖考則已尊矣，豈又以爵位為尊耶？周之追王，亦以王業所基，於禮意當以天下尊歸之耳，大王以上至於后稷，非王業所自始，原未追王也，何嘗不以后稷為始祖乎？

上治祖禰，尊尊也；下治子孫，親親也；旁治昆弟，合族以食，序以昭繆，別之以禮義，人道竭矣。

治猶正也，竭，盡也，猶備也；合族以食，如族食，世降一等也，序以昭繆，上治、下治、旁治，皆以昭穆之序也，別，遠近親疏之別，上曰祖曰禰，下曰子曰孫，旁曰昆曰弟，此別之以禮，尊尊有等，親親有殺，合族有降，此別之以義，如是而人道乃盡，言務本則無餘蘊也。

聖人南面而聽天下，所且先者五，民不與焉。一曰治親，二曰報功，三曰舉賢，四曰使能，五曰存愛。五者一得於天下，民無不足、無不贍者。五者，一物紕繆，民莫得其死。聖人南面而治天下，必自人道始矣。

且先，未遑他事也，愛，遺愛也，凡興滅繼絕之類，皆所以存遺愛也；一得，皆得也，物猶事也，紕繆猶錯誤也，必自人道始，言五者亦皆治人之道，而始於治親也。

立權度量，考文章，改正朔，易服色，殊徽號，異器械，別衣服，此其所得與民變革者也。

文章，禮法也，服色，服物之色，如車馬之屬，徽號，所以自表志之名號也，器械，五禮所當用之物，衣服則止以衣言，變革，損益因革之制，此以可變者形下人道之不可變也。

其不可得變革者則有矣：親親也，尊尊也，長長也，男女有別，此其不可得與民變革者也。

親親，仁也，尊尊長長，義也，男女有別，禮也，四者，人道之大經也，故不可變革。

同姓從宗，合族屬；異姓主名，治際會。名著，而男女有別。

宗，宗子也，族，父、祖、曾、高而上之支派也，屬，聯屬也，屬其昭穆之親疏遠近也；異姓，來嫁者也，主名，主母與婦之名也，際會，交際而相會聚也，古者娶女，以娣姪從，雖大夫士亦然，故女之名必從男而定，名著而後男女之尊卑定，尊卑定而後上治、下治、旁治因之有別也。

其夫屬乎父道者，妻皆母道也；其夫屬乎子道者，妻皆婦道也。

尊卑皆非己倫，所以厚別也。

謂弟之妻「婦」者，是嫂亦可謂之「母」乎？名者人治之大者也，可無慎乎？

以上二節皆《喪服傳》文，然弟妻稱婦，今俗語猶然，蓋本夫婦之婦，與子婦之婦不同，亦未可盡泥，惟旁治則昆弟之妻，與夫之昆弟不相為服，以男女雖為倫輩，而不成乎親，不可相為服，恐其相瀆也。

四世而緦，服之窮也；五世袒免，殺同姓也。六世，親屬竭矣。

四世共高祖，五世，高祖昆弟，六世以外親盡，無屬名也。

其庶姓別於上，而戚單于下，昏姻可以通乎？繫之以姓而弗別，綴之以食而弗殊，雖百世而昏姻不通者，周道然也。

庶，眾也，庶姓別於上，如天子同姓，別而為諸侯，諸侯同姓，別而為大夫，大夫同姓，別而為士也；晉叔嚮曰肸之宗十一族，惟羊舌氏在而已，是大夫同宗，又有別氏之族也；戚，哀也，生相親則死相哀也，單，薄而盡也；「昏姻可以通乎」以下，記者設為問答也，繫之以姓而弗別，其宗氏雖日繁，其姓同也，綴，連屬也，綴之以食而弗殊，如大廟祭畢，而諸父兄弟備言燕私，不至殊遠也，百世而昏姻不通，自古而然，但言周道，偶舉近時耳，然亦有語病，至後人實之以舜娶堯女為同姓，則齊東野人，誣妄極矣

服術有六：一曰親親，二曰尊尊，三曰名，四曰出入，五曰長幼，六曰從服。

術猶道也，親親，正服也，尊尊，義服也，名，以名服也，出，降服也，入，加服從重也，長，成人服也，幼，殤服也；從服者，服非由己，生從人而服者也，俱見《喪服傳》。

從服有六：有屬從，有徒從，有從有服而無服，有從無服而有服，有從重而輕，有從輕而重。

親屬曰屬，徒，空也，屬從如子為母黨、妻為夫黨、夫為妻黨也，徒從如臣為君黨、妻為夫之君黨、妾為女君之黨、庶子為君母之黨、子為母之君母也，「從有服而無服」以下並見《服問》。

自仁率親，等而上之，至於祖，名曰輕。自義率祖，順而下之，至於禰，名曰重。一輕一重，其義然也。

率，循也，用恩則父重而祖輕，用義則父重而祖愈不得不重，仁重則義尤重也。

君有合族之道，族人不得以其戚戚君，位也。

君恩可以下施，而族人皆臣也，不得以父兄子弟之本親致戚於君，以君位至尊，而己之臣位卑，故皆斬衰也。

庶子不祭，明其宗也。庶子不得為長子三年，不繼祖也。

三年即斬衰也，詳《喪服小記》。

別子為祖，繼別為宗，繼禰者為小宗。

亦詳《喪服小記》。

有百世不遷之宗，有五世則遷之宗。百世不遷者，別子之後也；宗其繼別子者，百世不遷者也。宗其繼高祖者，五世則遷者也。尊祖故敬宗。敬宗，尊祖之義也。

此條所論宗法，諸侯五廟，庶幾近之，然天子諸侯之宗，亦止族食世降一等，以繼高祖為親盡耳，其實君道兄終弟及，時時有之，天子七世、諸侯五世則遷，非以高祖為限也，至大夫以下，謂皆可宗及高祖，且干祫之，則斷斷無此理；「之所自出」四字衍文，餘亦詳《喪服小記》。

有小宗而無大宗者，有大宗而無小宗者，有無宗亦莫之宗者，公子是也。

此似分別小宗、大宗之義，而又推廣之，然甚支離，蓋公子之宗，皆當以君為主，君不可宗，故以兄弟之或嫡或長為之宗，如文王之子為諸侯者，皆以魯為宗國是也，然則或長或嫡亦必為大夫，而後宗之，若春秋之末，公子多無位，則亦何大宗、小宗之有？蓋宗次於君，苟無食邑，未賜族，雖公子不成宗，以未受爵命，終不得立廟也。

公子有宗道：公子之公，為其士大夫之庶者，宗其士大夫之適者，公子之宗道也。

公子之公即公子之兄弟為君者，公子不得宗君，故君命之宗其嫡兄弟所宗，既嫡，則如大宗死，為之齊衰九月，其母即君母小君也，為其妻齊衰三月；若無嫡而皆庶，則死同為大功九月，其母妻無服，蓋兄弟本齊衰期，為君厭，故降在大功九月，其仍齊衰者，以宗也，故為其妻齊衰三月，如為宗子妻之服，君之母弟多為大夫，故使羣公子宗之，若皆庶而無嫡，則亦僅宗其庶之

為大夫者耳，苟俱不為大夫，又何宗之有？

絕族無移服，親者屬也。

移，推而移之也，《喪服傳》作施，蓋古通；絕族者，五服之外，恩推不去，其姓雖同，而情不更屬也；無移服者，雖欲為之服，無可移也，親者屬也者，言惟親者之道，為相連屬也，蓋以卑屬尊，以幼屬長，以庶屬嫡，以旁屬正，皆以有親親之道。

自仁率親，等而上之，至於祖；自義率祖，順而下之，至於禰。是故，人道親親也。

人道不外仁義，親親，仁也，尊祖，義也，推親親之仁而上之有尊祖之義，推尊祖之義而下之有親親之仁，而實皆終始於親親故，人道惟親親也。

親親故尊祖，尊祖故敬宗，敬宗故收族，收族故宗廟嚴，宗廟嚴故重社稷，重社稷故愛百姓，愛百姓故刑罰中，刑罰中故庶民安，庶民安故財用足，財用足故百志成，百志成故禮俗刑，禮俗刑然後樂。《詩》云：「不顯不承，無斁於人斯」，此之謂也。

此又因親親而極言之傳之所以為大也；嚴猶尊也，如云於穆清廟也；重社稷，必有田祿，然後可以供祭事也；百姓，官伯族姓也，謂凡助祭之臣；禮俗刑，謂以禮化俗而無不成也，刑，俔也，成也；不，古丕字，丕顯丕承，謂文王、武王之謨烈也，斁，厭也，言文王、武王之謨烈，不外乎親親也。

禮記卷十七　少儀

少，幼也，儀，曲禮也，所言皆成人事，然其儀度詞令，必講習於童時，故以少儀名篇。

聞始見君子者，辭。

曰聞者，記者謙退，不敢自專，以為傳聞舊說如此也；君子，有德位之通稱；辭，求見之詞。

曰：「某固願聞名於將命者。」不得階主。敵者曰：「某固願見。」

固，謂求見之切也，願聞名於將命者，不敢必斥見君子，但願以己之名使得聞於將命而已；階，梯也，所以引人上進者，階主謂主引進見之人，不得階主，猶士相見禮言無由達也，意謂久欲進見，但前此無由，故遲至今耳；適、敵古通，體敵則直以願見通詞，不更言將命者，省文，下節同。

罕見曰：「聞名」。亟見曰：「朝夕」。瞽曰：「聞名」。

罕見，相見久希也，疑其情之不通，雖於敵者，亦曰聞名而已；朝見曰朝，夕見曰夕，如臣之見君也，瞽無目，故槩以聞命通詞。

適有喪者曰：「比」。童子曰：「聽事」。適公卿之喪，則曰：「聽役於司徒」。

喪事憂戚，無賓主之禮，凡至者皆當為之執事；比，附也，願附於執事者也；童子不得與成人比，但當聽主人以事見使也；司徒，掌徒役之事，凡公卿之喪，皆司徒率其屬以掌之，故曰聽役也。

君將適他，臣如致金玉貨貝於君，則曰：「致馬資於有司」；敵者曰：「贈從者」。

適他，如朝會之事；資，摧秣之資，有司，從君主行李者，不敢斥君，惡瀆也；贈，送也，但曰從者，不言馬資，必大夫以上，乃不徒行也。

臣致襚於君，則曰：「致廢衣於賈人」；敵者曰：「襚」。親者兄弟，不以襚進。

以衣送死者為斂曰襚，廢衣言不敢以充君斂，但姑置於不用之列也；賈人，知物價之人，禮，君之襚不以斂不陳，《周官·玉府》有賈八人；親者兄弟，大功以上同財之親也，不以襚進，謂不執以將命，直陳之而已。

臣為君喪，納貨貝於君，則曰：「納甸於有司」。

甸謂田野之物，臣之食邑本受於君，則其地所出，皆君所有，合獻於君也；衣是送君，故與賈人貨貝，但供喪用，故付有司也。

賵馬入廟門；賻馬與其幣，大白兵車，不入廟門。

送死者曰賵，助喪者曰賻，廟門，殯宮也，大白，旗名，兵車，革車也，《周官·巾車》革路建大白；禮，既祖訖，而後賵馬入，設於廟廷，賵以副亡者之意，故入廟門也，賻與幣止以給生人之用，大白兵車亦送死者之物，然征伐、田獵之服，非其盛者，故亦不入也。

賻者既致命，坐委之，擯者舉之。主人無親受也。

喪者非尸柩之事不親也，坐猶跪也，吉時若人饋物，主人自拜受之。

受立，授立不坐。性之直者則有之矣。

受立而跪則近於諂，授立而跪則重勞受者之答，皆非禮也；性之直，謂徇禮而不度事之宜，蓋僅知以跪為禮，而不知又有不跪之禮也。

始入而辭，曰：「辭矣」。即席，曰：「可矣」。

此詳擯者之儀，始入，將入寢門也，辭，客辭主人之入為席也，曰辭矣者，擯者相主人曰客辭為席也；即席，賓主皆將踐席也，曰可矣者，主人正席，客又撫席而辭，則擯者又相主人曰席已正，可即席而坐也。

排闔說屨於戶內者，一人而已矣。有尊長在則否。

排，推也，闔，門扉也，皆同等，則年長者一人脫屨於戶內，雖眾相敵，猶有所尊也，在，在內也，尊長在則眾皆脫屨戶外也。

問品味曰：「子亟食於某乎？」問道藝曰：「子習於某乎？」、「子善於某乎？」

人之情，品味有偏嗜，道藝有異尚，問品味，不可斥之以好惡而昭其癖，

問道藝，不可斥之以能否而暴其短，故以亟習善言之。

不疑在躬，不度民械，不願於大家，不訾重器。

疑謂處信否之間而擬議之，在躬謂在人之身，或有或無之事，凡測度幽隱、攻訐陰私，皆人所忌也；度謂試其與己稱否，械，兵器也，所以備非常度之，則人將以己之欲得見疑也；願，貪慕也，大家，世祿富貴之家，以貧賤而懷大家之願，則有亂心也；訾，估計價直也，重器，寶器也，訾之既嫌不審，亦非敬慎之道。

泛掃曰掃，掃席前曰拚；拚席不以鬣。執箕膺擖。

泛，廣也，拚，除穢也，鬣，帚也，帚恒埽，地不潔清也；膺，胸前也，擖，箕舌也，拚者持箕，當以古自向胷前而拚，《曲禮》「以袂鉤而退」是也。

不貳問。

問即下問卜筮也，問當專一，不可有疑貳之心，貳即不誠也。

問卜筮曰：「義與？志與？」義則可問，志則否。

義與志與大卜，問來卜筮者也；義，正事也，志，私意也，否者，不為卜也。

尊長於己逾等，不敢問其年。燕見不將命。遇於道，見則面，不請所之。喪俟事不特弔。侍坐弗使，不執琴瑟，不畫地，手無容，不翣也。寢則坐而將命。

此以下論卑幼侍尊長之雜儀。踰等，父兄黨也，問年則非敬長之心，嫌與序齒也；燕見，謂但當以燕禮相見也，不將命則不用賓主之禮，即燕見也；遇於道，可以隱則隱，不敢煩動也，尊者若已見，則趨而向尊者，是面也；不請所之，恐尊者所往，或卑褻也；喪即尊者之喪事，朝夕哭時也；使，尊者使執琴瑟也；畫地必有指陳議說，無故畫地，亦為不敬；無、毋同，手無容，謂不以手修容，如循面拂鬢之類，翣，扇也，雖熱不搖扇也；寢，臥也，若尊者臥而侍者有詞，則當跪以將之，不可立言，嫌臨尊者也。

侍射則約矢，侍投則擁矢。勝則洗而以請，客亦如之。不角，不擢馬。

約矢，當取矢時則並取四矢，不敢與尊者拾取也；投，投壺也，擁矢者，投壺之矢皆從委於身前，侍投則不敢釋於地，當左手並抱之也；勝則洗而以請者，己勝則不敢使他弟子酌酒以罰尊者，必自洗爵而請行觴也，客即尊長為耦者，若耦勝則亦不敢煩他弟子酌而飲，己亦必親洗爵而自飲也；不角，不敢用

觥當以常爵也，擢馬者，投壺立筭為馬，每一勝，立一馬，至三馬乃成勝，然三馬難得，則徹一馬以從二馬，使足成之，今卑者雖得二馬，亦不敢徹尊者一馬，足成己勝也。

執君之乘車則坐。僕者右帶劍，負良綏，申之面，拖諸幦，以散綏升，執轡然後步。

執，執轡掌御也，坐守之君，不在示，不行也；帶劍尚左，以右手抽之便也，御則無事於劍，且御者居中，左劍則妨左人之右，故右劍也；良綏，君執以升車之綏，負，負於背也，申之面，拖諸幦者，以綏末繞而引之於面前，因以倚於覆苓也；散綏，副綏也，步，使馬緩行也，此與《曲禮》「君車將駕」可互證。

請見不請退。

不請退，去止不敢自由也，當俟尊者之命。

朝廷曰退，燕遊曰歸，師役曰罷。

此辨所事既畢之名，蓋亦尋常稱引之法，君尊，以人近為進，故朝罷名退；燕遊事褻，故直以歸為言；罷亦休息之意，師役勞煩，故以罷休為尚。

侍坐於君子，君子欠伸，運笏，澤劍首，還屨，問日之蚤莫，雖請退可也。

運、澤皆玩弄也，金器弄之則如汗澤，尊者脫屨戶內，自還轉之，亦欲起立之意，此與《曲禮》亦互有煩略。

事君者量而後入，不入而後量；凡乞假於人，為人從事者亦然。然，故上無怨，而下遠罪也。

量，度也，度其事意，合成否也，入，入請也，所謂定交後求也，入而後量，則冒昧且無功矣。

不窺密，不旁狎，不道舊故，不戲色。

密，隱曲之處，窺密，嫌伺人私也；旁，近也，狎，褻習也，君子固不身為狎，即他人相狎，亦不可近也；舊故，已往之過誤也，道之則揚人宿過，取憎怨也；戲色，不莊重也。

為人臣下者，有諫而無訕，有亡而無疾；頌而無諂，諫而無驕；怠則張而相之，廢則掃而更之；謂之社稷之役。

亡，因故而去也，疾，速也，如悻悻欲窮日之力而宿也；頌，揚君之美也，

諂則以惡為美矣；驕，矜己之敢言也，怠，政叢脞也，張，整飭也，相，助成之也，廢，弊壞不可復用也，埽，除舊也，更，易新也，社稷之役者，凡其竭誠致力，皆為社稷也。

毋拔來，毋報往，毋瀆神，毋循枉，毋測未至。

拔來，謂未來者欲其速來而竭力以拔之也；報往，謂已往者欲其更轉而窮追以報之也；拔如拔木，恐其不來也，報如報復，恐其不復也，皆非順事恕施之道；瀆，褻狎也，凡神皆聰明正直，當敬而遠之；枉，不直之事，所為而枉，或出於過誤不知，若更循而行之，則為復惡矣；測，意度也，未至之事，聖人難之。

士依於德，游於藝；工依於法，游於說。

依者，不違之謂，德，三德也，游，有餘裕而以適情也，藝，六藝也，法，規矩之度，說，以變化規矩之巧妙也。

毋訾衣服成器，毋身質言語。

位至而衣服備，祿至而器用周，無端訾之則志趣卑陋，非特不審也；身猶親也，質，證也，猶《曲禮》之「疑事毋質」。

言語之美，穆穆皇皇；朝廷之美，濟濟翔翔；祭祀之美，齊齊皇皇；車馬之美，匪匪翼翼；鸞和之美，肅肅雍雍。

穆穆，意思深遠也，皇皇，詞氣正大也；濟濟，賢才眾多貌，翔翔，威儀閒雅貌；齊齊，執事整飭貌，皇皇，禮物光華貌；匪匪，車飾文美也，翼翼，馬行調善也，皆御得其道之容；肅肅，敬也，雍雍，和也，此君子在車之容，凡言美者，皆其儀容餘韻也。

問國君之子長幼，長，則曰：「能從社稷之事矣」；幼，則曰：「能御」，「未能御」。問大夫之子長幼，長，則曰：「能從樂人之事矣」；幼，則曰：「能正於樂人」，未能正於樂人」。問士之子長幼，長，則曰：「能耕矣」；幼，則曰：「能負薪」、「未能負薪」。

樂人，樂官也，正，就正也，謂習其事也，士兼士民言，故以農為業，此與《曲禮》亦小異，或曰《曲禮》所言，旁人之問答，此則父言其子，當承以謙也，要亦記者各記所聞耳。

執玉執龜策不趨，堂上不趨，城上不趨。武車不式；介者不拜。

於重器、於近尊、於迫狹，不為容也，武車即兵車，餘見《曲禮》。

　　婦人吉事，雖有君賜，肅拜。為尸坐，則不手拜，肅拜；為喪主則不手拜。葛絰而麻帶。

　　吉事蓋謂尋常喜慶之事，與族姻為禮，止於肅拜，雖有君賜亦然，若昏禮初見舅姑，則拜扱地矣，然則祭事如獻與受爵，或不得肅拜也，肅拜如今揖，婦人以肅拜為正手拜，即《周官》九拜之空首也；為尸，為祖姑之尸也，士虞禮，女，女尸，未吉祭，未同几也，坐即虞而為尸坐也，周尸尸，尸尊，故不手拜而但肅拜，明大事仍手拜也；為喪主不手拜，為夫與長子當稽顙也，不為喪主，亦手拜而已；帶所以自結束，婦人重腰，故既虞、卒哭，其首絰以葛易麻，而腰帶有除無變，亦與男子異也。

　　取俎、進俎，不坐。

　　取俎，徹俎也，進俎，薦俎也，俎有足而高，故取與進皆立也。

　　執虛如執盈，入虛如有人。

　　重慎之至，修己以敬之法也。

　　凡祭於室中堂上無跣，燕則有之。

　　祭不跣，主敬，燕則有跣，為歡也，祭有尸尸於堂之禮，祭所尊在室，燕所尊在堂，將燕，降，脫屨，乃升坐。

　　未嘗不食新。

　　嘗，薦新也，未嘗而先食新，人子所不忍也。

　　僕於君子，君子升下則授綏；始乘則式；君子下行，然後還立。

　　升下則授綏，升車、下車，僕皆授綏也；始乘則式，君子未至，僕先乘則式以待也；下行然後還立，君步下車而行，然後還車而立，以待後命也。

　　乘貳車則式，佐車則否。貳車者，諸侯七乘，上大夫五乘，下大夫三乘。

　　貳車、佐車皆副車也，別言之則貳車道車之副，如世子貳君，有故乃代攝之，佐車田車之副，如臣之佐君也；道車，王則象路，以朝夕燕出入，乘者當式，以致敬為儀；田車，專事於田，故不必多儀也，乘車之貳，皆從命數，記者止約言之耳。

　　有貳車者之乘馬服車不齒。觀君子之衣服，服劍，乘馬，弗賈。

　　有貳車者，大夫以上也，乘馬服車，四馬已駕於車也，不齒者，尊有爵者之物，不敢數其馬齒也，服劍，佩劍也，賈，平價也，平尊者之物，亦非敬也。

　　其以乘壺酒，束脩，一犬賜人，若獻人，則陳酒執脩以將命，亦曰乘壺酒，束脩，一犬。其以鼎肉，則執以將命。其禽加於一雙，則執一雙以將命，委其餘。

　　陳重者、執輕者，便也，乘壺，四壺也，酒謂清也、糟也，不言陳犬，或無脩，亦牽犬致命，曰其將命之詞；鼎肉，牲體已熟於鼎者，加猶多也，委亦陳也，酒兼脩犬，多物之例，鼎肉一物之例，加於一雙，又物止一種而多之例。

　　犬則執緤；守犬，田犬，則授擯者，既受，乃問犬名。牛則執紖，馬則執靮，皆右之。臣則左之。

　　緤，牽犬繩，紖，穿牛鼻繩，靮，韁也，守犬、田犬、問名，養之者當呼之也，名若韓盧、宋鵲之屬；右之，執之宜由便也，臣謂因俘，《曲禮》效犬左牽，蓋食犬也，民虜摻右袂，即左之也。

　　車則說綏，執以將命。甲若有以前之，則執以將命；無以前之，則袒橐奉冑。哭則執蓋。弓則以左手屈韣執拊。劍則啟櫝蓋襲之，加夫橈與劍焉。

　　袒，開也，橐，弢甲衣也，冑，兜鍪也，執蓋者，其底陳之也；韣，弓衣也，執拊，《曲禮》右手執簫，左手承拊是也，櫝，劍函也，蓋函蓋也，襲，重也，開函而以蓋仰承函下，重函底於蓋上也，夫，語助詞，橈，劍衣也，加夫橈與劍者，又解劍衣置函中，而以劍置衣上也。

　　筍、書、脩、苞苴、弓、茵、席、枕、幾、穎、杖、琴、瑟、戈有刃者櫝、策、籥，其執之皆尚左手。刀卻刃授穎。削授拊。凡有刺刃者，以授人則辟刃。

　　苞苴，編束菅葦，以裹魚肉也，茵，箸蓐也，穎，警枕也，戈有刃者櫝，以櫝韜戈也，策，箸也，籥如笛，樂器也，共十六種，皆尚左手者，凡執諸物，皆左手在上執之，右手在下承之也，卻猶避也，穎，刀鐶禾首為穎，凡刀以柄為首，故亦以穎名柄，如澤劍首是也，削，書刀，拊，把也，刺刃，可以刺物之刃，辟刃，不以刃向人也。

　　乘兵車，出先刃，入後刃，軍尚左，卒尚右。

　　入後刃，不以刃向國也，車還則倒建於車上，軍尚左，故左將軍之位貴於右軍，以謀為主而好生，故尚左，卒以戰為事而敢死，故尚右，且軍眾卒寡，

軍尊卒卑，異其所尚，亦以示別。

賓客主恭，祭祀主敬，喪事主哀，會同主詡。軍旅思險，隱情以虞。

恭在貌、敬在心，詡，言詞光大也，思險以防患，所居之地、所行之事皆危，不可不多為周思也，隱情，深藏不露之情，虞，度也，尤當深謀遠慮，所謂機密也。

燕侍食於君子，則先飯而後已；毋放飯，毋流歠；小飯而亟之；數噍毋為口容。客自徹，辭焉則止。

先飯若嘗食然，後已若勸食然，小飯，小口而飯，備噦噎也，亟，數連也，飯雖後已，猶當快餐，若君子已，當亦隨已也，噍，嚼也，數噍當專以食為事，即亟也，口容，弄口也，客即侍食者食訖，當自徹其俎，然主人辭則止，以尊君子之命為敬也。

客爵居左，其飲居右；介爵、酢爵、僎爵皆居右。

客爵，主人酬賓之爵也，鄉飲酒禮，主人酬賓，賓受奠觶於薦東，是居左也，旅酬之時，一人舉觶於賓，賓奠於薦西，至旅酬賓，取薦西之觶酬主人，是其飲居右也；介，賓之輔也，酢，以酬主人也，僎當作遵，或通用，鄉人之卿大夫來觀禮者，主人獻介，介飲獻賓，賓酢主人，主人飲，主人獻遵，遵飲，是三爵亦皆飲爵也，皆居右，異於賓，所以優賓也，鄉飲酒於三爵皆不明言奠置之所，故記特詳之。

羞濡魚者進尾；冬右腴，夏右鰭；祭膴。

濡魚進尾，擗之由後，鯁肉易離也，乾魚進首，擗之由前，理易析也，腴，腹下也，鰭，脊也，冬右腴，陽氣在下，腴肥美也，夏右鰭，陽氣在上，鰭肥美也，膴，大臠，謂刳魚腹也。

凡齊，執之以右，居之於左。

齊謂食羹醬，飲有齊和者，若鹽梅之屬，右，右手也，居猶置也，左，左方也，此論調劑之事。

贊幣自左，詔辭自右。

贊幣，為君助授幣也，詔詞，為君傳命也，或曰贊幣兼受幣言，詔詞兼辭讓言。

酌尸之僕，如君之僕。其在車則左執轡右受爵，祭左右軌範乃飲。

《周官·大馭》掌馭玉路以祀，及祭，酌僕，則祭時有酌僕之禮，今無可

考，尸尊則僕亦尊，故如君僕也；其在車，謂酌仆於車，如射之獻服不於侯也，軌，車轍，即轂也，轂中貫軸，軸末之轊名軹，職、軌相近，祭左右軌，即大馭之祭兩軹也，範與軓同，車前式也，當車之中，僕之祭左右軌範，如獲者之祭左右中三個也，飲即卒爵也。

凡羞有俎者，則於俎內祭。君子不食圂腴。小子走而不趨，舉爵則坐祭立飲。凡洗必盥。牛羊之肺，離而不提心。凡羞有湆者，不以齊。為君子擇蔥薤，則絕其本末。羞首者，進喙祭耳。

於俎內祭者，俎於人為橫，不得祭於兩俎間也，若在豆，則可祭於豆間矣；圂，豕也，腴，大腸也，豕食米穀，腸與人似，故君子不食；鼎亦闕也，小子，弟子也，卑，不得如成人備禮容；洗，洗爵也，盥，盥手也，洗爵所以致敬，故必先自潔，盥有不洗，故云；提猶絕也，心謂肺中央少許，祭肺之法，刌離之使余中央少許，不絕則祭者易絕以祭也；湆，汁也，凡羞有汁，則已有鹽梅齊和，若食者更調和之，似嫌主人味薄，故不以齊也；蔥薤本不淨，末乾萎，故擇者必絕去之，羞首謂膳羞有牲頭者，鳥獸之口皆曰喙，進喙以口向尊者也，祭耳者，尊者若祭，先取牲耳，故進喙則祭耳，便也。

尊者以酌者之左為上尊。尊壺者面其鼻。

尊者，設尊者也，酌者，酌酒者也，上尊，玄酒也，言設尊之人，方其設時，即預度酌酒人之左，尊而設以玄酒也，若鄉飲酒玄酒在西，鄉射左玄酒是也，若燕禮及大射，則酒在堂南上，而酌者不得背君，當於東面，則上尊在酌者之右，與此不同；尊與壺皆有面，鼻在面中，宜向尊者，故言設尊壺者當面鼻也，禮惟君面尊，則面鼻又似指燕禮及君射言，與上句不合，疑左字或右字之誤，蓋上尊或言南上，或言西上，則易白矣，記轉以酌者為言，文義遂致迂晦。

飲酒者、禨者、醮者，有折俎不坐。

凡燕禮、射禮，必徹俎，然後脫屨、升堂坐，此飲酒之正禮也，禨與醮宜用脯醢，有折俎時少，故因舉正禮而並著之。

未步爵，不嘗羞。

步，行也，羞，殽羞也，本為酒設，若爵未行而先嘗羞，是貪食矣，此謂無筭爵之時，羞，庶羞，行爵之後始嘗之也，若正羞如脯醢、折俎，則於未飲酒前嘗之，故凡飲、射、燕禮，既獻、薦賓皆先祭脯醢、嚌肺，乃飲卒爵也。

牛與羊魚之腥，聶而切之為膾；麋鹿為菹，野豕為軒，皆聶而不切；麋為辟雞，兔為宛脾，皆聶而切之。切蔥若薤，實之醯以柔之。

聶而切之者，先膊為大臠，復細切為膾也，以醯與蔥薤淹之，所以殺肉及腥氣也，餘詳《內則》。

其有折俎者，取祭肺，反之，不坐；燔亦如之。尸則坐。

折俎，折骨之俎也，上言有折俎不坐，不脫屨安坐也，此言不坐，因俎有足而高，故取與反之事，又以不坐為便，且多儀為敬也；鄉射禮，賓奠爵於薦西，興，取肺，坐絕祭，左手嚌之，興，加於俎，坐捝手，是取肺及加俎皆興不坐也；燔，燔肉，雖非折骨，其肉亦在俎，故其取與反亦不坐也，惟尸尊，乃坐，如少牢饋食，尸祭肺，不興也。

衣服在躬，而不知其名為罔。

衣服所以章身表德，衣之者，當知取名之義，乃能稱服也，罔，無知貌，如冠圜冠，則知天時，佩玦，則事至能斷之類。

其未有燭而有後至者，則以在者告。道瞽亦然。

在，已在坐者，後至者不見，故使知之；道瞽，即相師之道。

凡飲酒為獻主者，執燭抱燋，客作而辭，然後以授人。

言獻主，容君使宰夫也，凡飲酒，主人親就燭敬賓，示不倦也；燋，未爇之燭，意欲留客久飲盡歡，故既親執已然之燭，而又兼取未然之燭，並抱而來，以待繼也；客作而辭，以主人親勞賤事，不敢當也，人，執事之人。

執燭不讓，不辭，不歌。

執燭，謂既焚燭後也，古時之燭，皆以薪蒸，纏艸附油為之，不可無人專執以司之也，不讓、不辭、不歌，惟務盡主人之歡，成禮以退，不暇為讓與辭與歌也。

洗盥執食飲者勿氣，有問焉，則辟咡而對。

洗盥，為尊者洗器也，若洗爵之類，凡洗必盥，故燕以盥言，執食，飲執尊者之飲食也，勿氣則屏氣也，凡以致恭而已，辟咡，見《曲禮》。

為人祭曰致福；為己祭而致膳於君子曰膳；祔練曰告。凡膳告於君子，主人展之，以授使者於阼階之南，南面再拜稽首送；反命，主人又再拜稽首。其禮：大牢則以牛左肩、臂臑、折九個，少牢則以羊左肩七個，特豕則以豕左肩五個。

　　為人祭，攝祭也，攝主言致福，為人得申其詞也，自祭言膳，謙也，祔練言告，不敢以為福膳也，但使君子知己祔祥而已，展，省具也，皆再拜稽首，敬之至也，牲體尚右，右以祭，故致左也，周人貴肩，故用肩、臂，其脛也，臑，其節也，折九個，自肩以下折之，至蹄為九段也，羊豕不言臂臑，因牛之序可知也，並用上牲，故大牢惟牛，少牢惟羊，不並備饌。

　　國家靡敝，則車不雕幾，甲不組縢，食器不刻鏤，君子不履絲屨，馬不常秣。

　　靡同麋，麋敝，民物麋爛雕敝也，雕，刻畫也，幾，微也，雕刻者以微至為工也，組猶縷之組，縢猶繵之縢，皆所以約而緘之，因以為飾者也，木器曰刻，金器曰鏤，絲屨謂絢繶純之屬，不更以絲飾也，馬食穀謂之秣，凡此皆猶凶荒也，殺禮也。

禮記卷十八　學記

發慮憲，求善良，足以謏聞，不足以動眾；就賢體遠，足以動眾，未足以化民。君子如欲化民成俗，其必由學乎！

發慮，發謀慮為政也，憲，法也，謏猶小也，言發慮以行政而合於法，求善以贊治而得其良，亦足以使人稱之，是謏聞也，若欲使眾皆感動而變惡為善，則有所不足矣，就賢，躬下之也，體遠，體幽遠小民之疾苦也，下賢則不自用，而又勤恤民隱，則民亦知感而為善矣，然欲使民盡化而成善俗，則猶未能也，故必立學以教之而後可。

玉不琢，不成器；人不學，不知道。是故古之王者建國君民，教學為先。《兌命》曰：「念終始典於學。」其此之謂乎！

道所以通行也，不知之則行塞矣，古之王者，謂自唐虞以來皆然，教者師儒，學者弟子也，兌，古說字，《兌命》，《商書篇名》，已逸，今傳者東晉時偽《古文尚書》也，作記時《書》尚存，故得引之，典，常也。

雖有嘉肴，弗食，不知其旨也；雖有至道，弗學，不知其善也。是故學然後知不足，教然後知困。知不足，然後能自反也；知困，然後能自強也，故曰：教學相長也。《兌命》曰：「斅學半。」其此之謂乎！

不足，有所短也，困，己有未達，不能當教之任也，自反，求諸己也，自強，修業不敢倦也，相長，教之中亦有學也，斅學半者，學所當學，其功猶止能得半，正以教之中又有學，而學之道無窮也。

古之教者，家有塾，黨有庠，術有序，國有學。

家，凡大夫士之家，塾在中門之外，《內則》十年出，就外傅，居宿於外，

—279—

即此；黨庠，鄉學也，術，邑中道也，術序蓋自遂以外，公邑、家邑皆有之，以養老曰庠，以習射曰序，互言之，其實一也；學，大學也，天子曰辟雍，諸侯曰頖宮。

比年入學，中年考校。一年視離經辨志，三年視敬業樂群，五年視博習親師，七年視論學取友，謂之小成；九年知類通達，強立而不反，謂之大成。夫然後足以化民易俗，近者說服，而遠者懷之，此大學之道也。《記》曰：「蛾子時術之。」其此之謂乎！

比年，每歲也，比年入學，人不可一日不學也，中猶間也，考校，考現年之課，校去年當有加益，如下所云也；離，分析句讀也，經如《詩》《書》，凡古人所作者，誦讀《詩》《書》而尚論之，視學者之所好，則其志可辨矣；敬業，修所業，不敢懈也，羣，同學之人，視其所樂，則所志更審也；博習，無所不學，如六藝之屬，師，所受教者，所習雖博，必有所專，視其所親之師，則所習尤審也；論學，評論所當學者，亦各有好尚也，取，外取也，同志之友，各有莫逆之趣，即人品所由定也；類，事義之比也，通達，不滯礙也，強立，臨事不惑也，不反，即強立無反覆也，知類通達則理明，強立不反則行果，其學可謂大成矣；言學者之修業進德與教者之考校弟子，皆當如此，而後人皆好學，且習於為善而成俗；蛾，古蟻字，蚍蜉也，術即垤也，蟻子時時銜土，纍之遂成大垤，惟在功勤也。

大學始教，皮弁祭菜，示敬道也；《宵雅》肄三，官其始也；入學鼓篋，孫其業也；夏楚二物，收其威也；未卜禘不視學，游其志也；時觀而弗語，存其心也；幼者聽而弗問，學不躐等也。此七者，教之大倫也。《記》曰：「凡學官先事，士先志。」其此之謂乎！

皮弁，朝服也，祭菜，如《文王世子》用幣後釋菜是已，菜，芹藻之屬，疑用一獻之禮；宵，小也，古通用，肄，習也，三即《鹿鳴》之三，三篇之《詩》本用以賓興賢能，故鄉飲、射皆歌之，賓興賢能，將以官之也；士之在國學者，亦皆有官人之責，故入學即肄之，以入學即入官之始，而勵之以勤於王事也；鼓即鼓徵，以警眾，使至也，篋，筐笥之屬，所以藏，所業者既鼓以徵之，至者皆發篋以就所業也，鼓徵而皆就業，即其恭順於所業也，孫，順也，夏，榎也，即山榎楚荊也，夏以撲、楚以杖，皆所以撻犯規者，收，整飭也，威，威儀也，春禘祭所自出，王者之大祭也，大祭之卜，必先期十日，言卜禘，直言未禘祭耳，視學於仲春上丁，而禘在孟春也；游，不迫切也，若開歲即使入

學，則太迫矣，觀者凡賓祭飲射，學士皆有事焉，但使時時觀長者之行禮，而身習其煩辱之事，又不語以所當然之故，欲其心不他放，而徐悟其理也，然年至已冠，執事而不達其義，可以每事問矣，若幼者但聽命以從事，而並不敢問，以學有次第，不可踰越也；倫，條理也，官先事，謂學士雖年幼，亦有為公卿，如魯孝公以國子為諸侯者，他如宮正、宮伯掌宿衛之士及諸子掌國子之倅，莫不有事，故在官者之學，當以事為先也，若游倅之士無事，當先尚志矣。

大學之教也，時教必有正業，退息必有居學。

時教，因時致教，當其可者，正猶常也，退息，間燕也，居猶積也，居學謂溫習，使不忘。

不學操縵，不能安弦；不學博依，不能安《詩》；不學雜服，不能安禮；不興其藝，不能樂學。

操縵，雜弄也，即《周官》縵樂弦琴瑟之屬；依，合律也，如《書》聲依永之依，博依，言聲之清濁高下，皆合調也；詩，歌詩也；服猶事也，雜服，若《少儀》灑埽應對之屬；興，謂欣動鼓舞之，藝如種藝之藝，用力而有得也，樂學，既有得，乃更樂其事也，操縵、博依、雜服皆非弦詩禮之正事，然不先從事焉，則學無由入，故必先學之，乃能安之，又必安而後興，興而後能樂也。

故君子之於學也，藏焉，修焉，息焉，遊焉。夫然，故安其學而親其師，樂其友而信其道。是以雖離師輔而不反也。《兌命》曰：「敬孫務時敏，厥修乃來。」其此之謂乎！

此言能樂學者。藏，藏於心也，修，修於身也，息，所息不忘也，遊，所遊不忘也，言必無在不於學，而又非蹙迫馳驟之也，離師輔若索居，不反猶云不違背，即強立不反也，乃來，謂所學成也。

今之教者，呻其占畢，多其訊言，及於數進，而不顧其安。使人不由其誠，教人不盡其材；其施之也悖，其求之也佛。夫然，故隱其學而疾其師，苦其難而不知其益也，雖終其業，其去之必速。教之不刑，其此之由乎！

呻，吟也，占同覘，視也，簡謂之畢，訊，問也，數，煩數也，言今之教者不善教法，但能吟誦其所視簡文，多其問難，煩數以說之，而終不能詞達理

舉也；進，務進也，安即弦詩禮之安，但務速進，而不顧所業之安否也；誠，實也，不由其誠，無實得也，學者未嘗無材，而教不因其材，則其材亦不能自盡也；施，施教也，求，求學者之能也，佛同拂，戾也，隱，幽晦難曉也，疾猶憎也，刑，成也。

大學之法，禁於未發之謂豫，當其可之謂時，不陵節而施之謂孫，相觀而善之謂摩。此四者，教之所由興也。

禁於未發，如蒙以養正為聖功也，當其可，如材各有宜而化之，又如時雨也；陵，越也，施，教之節度也，孫，順也，相觀而善，謂但觀人之善，而於己已有益也，摩，如兩物相摩而相成也。

發然後禁，則扞格而不勝；時過然後學，則勤苦而難成；雜施而不孫，則壞亂而不修；獨學而無友，則孤陋而寡聞；燕朋逆其師；燕辟廢其學。此六者，教之所由廢也。

扞格，相抵禦也，發然後禁，非不禁也，不得其要矣；時過，後學非不學也，不得其道矣；雜施不孫，非不施也，不得其序矣；獨學無友，非不學也，不得其助矣；此四者與上四者正相反。燕，安也，燕朋，安於比匪也，辟，邪僻也，燕朋者必逆其師，燕辟者必廢其學，邪正善惡不能並也，此二者又學者不可教之病，而其為廢教一也。

君子既知教之所由興，又知教之所由廢，然後可以為人師也。故君子之教喻也，道而弗牽，強而弗抑，開而弗達。道而弗牽則和，強而弗抑則易，開而弗達則思；和易以思，可謂善喻矣。

喻，曉也，道，引也，牽，曳之使必前也，強猶勉也，抑，故為阻難也，開如門之開而可入也，達，通行也，於力行則道以前路，而不牽以迫促之，則其心和悅而樂從，於立志則強以進取，而不抑以畏阻之，則嚮往不難而守固，於致知則開其端緒，而不達以使自得之，則思念日深而且不能自己也。

學者有四失，教者必知之。人之學也，或失則多，或失則寡，或失則易，或失則止。此四者，心之莫同也。知其心，然後能救其失也。教也者，長善而救其失者也。

博之失多，陋之失寡，勇之失易，弱之失止，此即智愚賢不肖之遇不及也，失雖見乎外，而所存本乎心，尚無以救之，則人性雖善，而失且為害，故教者必當知而救之。

善歌者，使人繼其聲；善教者，使人繼其志。

此以善歌喻善教，言為之善者，則後人樂於仿傚而繼續之，如後人師孔孟而為之傳繼也。

其言也約而達，微而臧，罕譬而喻，可謂繼志矣。

微，末也，臧，古藏字，譬，比方也，約而達，言簡而義顯也，微而藏，言淺而理深也。

君子知至學之難易，而知其美惡，然後能博喻；能博喻然後能為師；能為師然後能為長；能為長然後能為君。故師也者，所以學為君也。是故擇師不可不慎也。《記》曰：「三王四代唯其師」此之謂乎！

君子，師也，知，知弟子也，難易，學也，美惡，質也，博喻，所以誘掖之也，為師知弟子，為長知其屬，為君知臣，其事之大小不同，其道則一也；師所以學為君，言學於師者，皆學為君德所以能化民成俗也，又引記言三王、四代無不以擇師為重，以師又為為學之本也。

凡學之道，嚴師為難。師嚴然後道尊，道尊然後民知敬學。是故君之所不臣於其臣者二：當其為尸則弗臣也，當其為師則弗臣也。大學之禮，雖詔於天子，無北面；所以尊師也。

嚴，尊敬也，師之所以道在故也。

善學者，師逸而功倍，又從而庸之；不善學者，師勤而功半，又從而怨之。

善學者，不自以為功，不善學者，不自以為過。

善問者，如攻堅木，先其易者，後其節目，及其久也，相說以解；不善問者反此。善待問者，如撞鐘，叩之以小者則小鳴，叩之以大者則大鳴，待其從容，然後盡其聲；不善答問者反此。此皆進學之道也。

節目，木之堅者莫如節，形如目也，說，古悅字，凡攻堅而不能入，則器與物俱不相得，若易者既解而堅者隨之，則其勢乃不得不解，有如相悅者然；從容者，言其聲不迫切，即鐘之餘韻也，善答問者如鐘之鳴，從容以言之，必盡其所問之意，而後止猶鐘聲之從容，久之而後，其聲無不盡也，進，益也。

記問之學，不足以為人師。必也其聽語乎，力不能問，然後語之；語之而不知，雖舍之可也。

記者得諸言而非得諸心，問者資諸人而非資諸己，乃學者之末務，不足以

為教也，聽語猶知言也，聽問者之言，因其所疑所蔽而語之，此教者之道也，力不能問，蓋當憤悱之際，而又不得所以問也，不知猶未達也，舍，置也。

良冶之子，必學為裘；良弓之子，必學為箕；始駕馬者反之，車在馬前。君子察於此三者，可以有志於學矣。

合皮以為裘，合金以為器，皆合也，而裘之合易於冶；屈柳以為箕，屈木以為弓，皆曲也，而箕之曲易於弓，故必皆先學之，馬子始學駕車，必先係隨車後，見老馬之日日駕車而行，則習慣而不驚也，有志於學，謂先習其易者，則其難者亦易為，故下學上達，不可不以漸也。

古之學者：比物醜類。鼓無當於五聲，五聲弗得不和。水無當於五色，五色弗得不章。學無當於五官。五官弗得不治。師無當於五服，五服弗得不親。

物猶事也，醜，同也，猶比也，比物醜類，以事相況也，五官，耳目口鼻與心也，言四者外，若無涉而中，實相資也。

君子曰：大德不官，大道不器，大信不約，大時不齊。察於此四者，可以有志於本矣。

官，主也，器，用也，約，期也，齊，候也，大德無入不得，故不專於一官，大道無往不通，故不滯於一用，大信無必而惟義所在，故不約，大時無固而惟變是適，故不齊，然不官乃羣官之本，不器乃羣器之本，不約乃羣約之本，不齊乃羣齊之本，君子如欲化民成俗，其不可不志於學，以為之本矣。

三王之祭川也，皆先河而後海；或源也，或委也。此之謂務本。

先河後海，先源後委也，化民成俗，以學為本，而學又以擇師為本，師也者，所以學為君也，此之謂務本。

禮記卷十九　樂記

共十一篇，合為一篇，有樂本、樂論、樂理、樂施、樂言、樂情、樂化、樂象，又有賓牟賈、師乙、魏文侯，今《史記》補《樂書》全用其文，而目錄次第不同，先儒以此為公孫尼子所撰，亦小戴所無，後人增入。

凡音之起，由人心生也。人心之動，物使之然也。感於物而動，故形於聲。聲相應，故生變；變成方，謂之音；比音而樂之，及干戚羽旄，謂之樂。

音即聲也，言之有物謂之音，故曰由人心生也，形猶見也，聲相應者，聲本感物而出，出又與物相應也，變，謂聲之高下疾徐無常也，方，有定所也，如宮商角徵羽是已，比，附合也，比音如還相為宮之屬，樂之則金石、絲竹、匏土、革木之器也，干戚、羽旄皆舞器也。

樂者，音之所由生也；其本在人心之感於物也。是故其哀心感者，其聲噍以殺。其樂心感者，其聲嘽以緩。其喜心感者，其聲發以散。其怒心感者，其聲粗以厲。其敬心感者，其聲直以廉。其愛心感者，其聲和以柔。六者，非性也，感於物而後動。是故先王慎所以感之者。

此申上感物而動之意，噍，急也，嘽，寬綽貌，發猶揚也，噍則竭而無澤，殺則減而不隆，心喪所欲之聲也；嘽則闡而無餘，緩則紓而不迫，心得所欲之聲也；發則出而不窮，散則施而無積，心多所順之聲也；粗則疏而不精，厲則危而不安，心多所逆之聲也；直則無委曲，廉則有分際，心有所畏之聲也；和則不乖，柔則曲從，心有所悅之聲也；性者，生之本也，六者亦性所固有，而以為非性者，以其感物而易流也，故不可以不慎。

故禮以道其志，樂以和其聲，政以一其行，刑以防其奸。禮樂刑政，其極一也；所以同民心而出治道也。

極，至也，禮樂刑政雖殊，而其為慎感之具，則不可偏廢，故兼言之。

凡音者，生人心者也。情動於中，故形於聲。聲成文，謂之音。是故治世之音安以樂，其政和。亂世之音怨以怒，其政乖。亡國之音哀以思，其民困。聲音之道，與政通矣。

上言凡音之起由人心生，言心感於物而聲以之生，就一人一事而分言之也，此言凡音生人心，言政感人心而音以之變，合一世一國而統言之也，情即下安樂、怨怒、哀思之情也，安以樂者，安其居、樂其業也，怨以怒者，其心怨而氣怒也，哀以思者，哀今而思古也，怒出於怨，猶冀君之一悟，政之一改，哀則絕望矣，故惟追思治世之民之善政也，非政乖之極，不至於亡國，故直言民困，不復言政乖也。

宮為君，商為臣，角為民，徵為事，羽為物。五者不亂，則無怗懘之音矣。宮亂則荒，其君驕。商亂則陂，其官壞。角亂則憂，其民怨。徵亂則哀，其事勤。羽亂則危，其財匱。五者皆亂，迭相陵，謂之慢。如此，則國之滅亡無日矣。

怗懘與沾滯同，皆音所以不和之故，荒，大而不治也，陂，不正也，變臣言官主任職者言之也，憂與哀皆噍殺之意，危則欲絕矣，迭，互也，陵，越也，滅，人滅之，亡，自亡也，無日猶言不終日也。

鄭衛之音，亂世之音也，比於慢矣。桑間濮上之音，亡國之音也，其政散，其民流，誣上行私而不可止也。

比猶同也，濮水之上地有桑間，昔殷紂使師延作靡靡之樂，已而延自沉於濮水，春秋時師涓過焉，夜聞而寫之，為晉平公鼓之是也，誣，罔也。

凡音者，生於人心者也。樂者，通倫理者也。是故知聲而不知音者，禽獸是也；知音而不知樂者，眾庶是也。唯君子為能知樂。

大而天地，細而秋毫，莫不有倫理也，惟樂為能宣之。

是故審聲以知音，審音以知樂，審樂以知政，而治道備矣。是故不知聲者不可與言音，不知音者不可與言樂。知樂則幾於禮矣。禮樂皆得，謂之有德。德者得也。

聽樂而知政之得失，則能正君臣民事，物之理也。

　　是故樂之隆，非極音也。食饗之禮，非致味也。清廟之瑟，朱弦而疏越，壹倡而三歎，有遺音者矣。大饗之禮，尚玄酒而俎腥魚，大羹不和，有遺味者矣。

　　隆，盛也，極，窮也，清廟之瑟，歌《周頌・清廟》所彈之瑟也，朱弦，練而染朱之弦也，凡絲絃不練者聲清，練則絲熟而聲濁，越，瑟底孔也，疏，通也，瑟兩頭有孔，疏之使孔相連，則聲遲也，一倡三歎，一人倡而三人和也，遺，餘也，猶不盡也。

　　是故先王之制禮樂也，非以極口腹耳目之欲也，將以教民平好惡而反人道之正也。

　　好得其平，則人之所同是也，惡得其平，則人之所同非也，故能反歸於人道之正。

　　人生而靜，天之性也；感於物而動，性之欲也。物至知知，然後好惡形焉。好惡無節於內，知誘於外，不能反躬，天理滅矣。

　　天之性即理也，性之欲即情也，知知者，以己知好惡之心，而定其為好為惡之實也，節，法度也，無節即不平也，知誘者，因己之知而為物所誘也，好惡之形，即善惡之兆而猶未分也，惟無節而為物所誘，則情流於欲，而天理乃不復存耳。

　　夫物之感人無窮，而人之好惡無節，則是物至而人化物也。人化物也者，滅天理而窮人欲者也。於是有悖逆詐偽之心，有淫泆作亂之事。是故強者脅弱，眾者暴寡，知者詐愚，勇者苦怯，疾病不養，老幼孤獨不得其所，此大亂之道也。

　　人化物，人為物所化，而人亦一物也，則其弊不可勝言矣。

　　是故先王之制禮樂，人為之節；衰麻哭泣，所以節喪紀也；鍾鼓干戚，所以和安樂也；昏姻冠笄，所以別男女也；射鄉食饗，所以正交接也。

　　人為之節，人人而為之節也，安樂，不可不和，不和則易流。

　　禮節民心，樂和民聲，政以行之，刑以防之，禮樂刑政，四達而不悖，則王道備矣。

　　行之，行禮樂之節和也，防之，防禮樂之不行也，四達不悖，謂四者交相通而無悖於人情也。以上皆樂本。

樂者為同，禮者為異。同則相親，異則相敬，樂勝則流，禮勝則離。合情飾貌者禮樂之事也。

和故同，別故異，同異者禮樂之理，親敬者禮樂之效，流離者禮樂之偏，內合其情，而相與交致其親敬，外飾其貌，而不使偏勝於流離，此禮樂之見於事為者。

禮義立，則貴賤等矣；樂文同，則上下和矣；好惡著，則賢不肖別矣。刑禁暴，爵舉賢，則政均矣。仁以愛之，義以正之，如此，則民治行矣。

義，宜也，禮義，禮之義也，文，聲成文也，同，一於正也，謂皆用雅樂禁絕慢淫也，義不立則無等，文不同則失和，等和之效，好惡之所由著也，暴，不肖之甚者也，愛即舉賢，正即禁暴也。

以上樂論第一段。

樂由中出，禮自外作。樂由中出故靜，禮自外作故文。大樂必易，大禮必簡。

由中出，和在心也，自外作，敬在貌也，心主靜，故希聲之平淡似之，貌主文，故動容之多儀似之，大樂、大禮，謂賓祭之大事所用之禮樂也，易，不難也，簡，不煩也。

樂至則無怨，禮至則不爭。揖讓而治天下者，禮樂之謂也。

至即下達也，行也。

暴民不作，諸侯賓服，兵革不試，五刑不用，百姓無患，天子不怒，如此，則樂達矣。合父子之親，明長幼之序，以敬四海之內天子如此，則禮行矣。

此詳揖讓治天下之實。

以上樂論第二段。

大樂與天地同和，大禮與天地同節。和故百物不失，節故祀天祭地，明則有禮樂，幽則有鬼神。如此，則四海之內，合敬同愛矣。

祀天祭地，所以報本反始，尊親之等也；和節與天地同，則禮樂之所和節者至矣，故大和者氣所生也，百物不失，全乎氣之生也，節者形所成也，祀天祭地，集乎形之成也，幽明之有禮樂，鬼神理本合一，故禮樂之用，能行乎陰陽而通乎鬼神，聖王以節與和者，陶冶海內，無不粹美，則人自皆合敬同愛也。

　　禮者殊事合敬者也；樂者異文合愛者也。禮樂之情同，故明王以相沿也。故事與時並，名與功偕。

　　和與節、愛與敬，禮樂之情也，事如揖讓、征誅之屬，名如《韶夏》《濩武》之屬，情同非禮與樂之情同也，帝王雖不相沿襲，而節以合敬和以合愛之情無不同，故以相沿也，與時并、功偕，則事文異矣。

　　故鐘鼓管磬，羽籥干戚，樂之器也。屈伸俯仰，綴兆舒疾，樂之文也。簠簋俎豆，制度文章，禮之器也。升降上下，周還裼襲，禮之文也。

　　綴，鄮舞者之位也，兆，其外營域也，青與赤謂之文，赤與白謂之章，舉一端也。

　　故知禮樂之情者能作，識禮樂之文者能述。作者之謂聖，述者之謂明；明聖者，述作之謂也。

　　情者，文之本也，故知之者能作，文者，情之用也，故識之者能述，未有而創造之，惟默會其理於心也，既有而詳明之，惟顯通其物於則也。

　　以上樂論第三段。

　　樂者，天地之和也；禮者，天地之序也。和故百物皆化；序故群物皆別。樂由天作，禮以地制。過制則亂，過作則暴。明於天地，然後能興禮樂也。

　　序猶節也，上言同和、同節，以禮樂之已成者言，此直言天地之和序，以所以作禮樂之故言，化猶生也，別謂形體各異，有分辨也，由天、以地，明制作之取法乎天地也，過制、作，失天地之和序也，亂即不序，暴即不和，明於天地，即聖之事也。

　　論倫無患，樂之情也；欣喜歡愛，樂之官也。中正無邪，禮之質也，莊敬恭順。禮之制也。

　　論即樂語也，如《風》《雅》《頌》之詩之有樂章，下文文足論而不息是也；倫，條理也，即律呂之曲調，如八音克諧，無相奪倫，下文樂行而倫清是也；患，害也，文不足論而音奪倫，則害矣；官猶職也，論倫無患，言其和也，樂之情主於和，故以欣喜歡愛為其職，中正無邪，言其中也，禮之質主於中，故以莊敬恭順為其制，制猶裁也。

　　若夫禮樂之施於金石，越於聲音，用於宗廟社稷，事乎山川鬼神，則此所與民同也。

八音止言金石，舉其重者也，越猶發也，同，共也，其數可陳，則民之所同，其義難知，則君之所獨，故情宜質制，先王所專也。

以上樂論末段。

王者功成作樂，治定制禮。其功大者其樂備，其治辯者其禮具。干戚之舞非備樂也，孰亨而祀非達禮也。

功主於王業，治主於民事，然亦互言以相備也，非備樂言，止得其一端，非達禮言，未全其大用。

五帝殊時，不相沿樂；三王異世，不相襲禮。樂極則憂，禮粗則偏矣。及夫敦樂而無憂，禮備而不偏者，其唯大聖乎？

帝王禮樂之殊異，亦互言耳，樂人之所好也，害在淫侉，禮人之所勤也，害在倦略，故樂貴和、禮貴中。

天高地下，萬物散殊，而禮制行矣。流而不息，合同而化，而樂興焉。春作夏長，仁也；秋斂冬藏，義也。仁近於樂，義近於禮。

天地以形為體，形各異，故禮行也，以氣為用，氣渾同，故樂興也，禮行言制，則樂興為化矣，氣之流行，以合同而化，則形之高下，又以散殊而有制也，作、長亦以氣言，氣盛於春夏故也，斂、藏亦以形言，形成於秋冬故也，禮樂者，天地之道也，仁義者，四時之德也。

樂者敦和，率神而從天，禮者別宜，居鬼而從地。故聖人作樂以應天，制禮以配地。禮樂明備，天地官矣。

氣無不和，而樂敦之則加厚，物各有宜，而禮別之則加辨，樂動而上，故率神而從天，禮靜而卑，故居鬼而從地，率與居、神與鬼，亦形氣陰陽之分也；唱為天道，故作樂以應之，耦為地道，故制禮以配之，官得其職也，天地官如四時順序，三辰不忒，河嶽奠安，品物暢遂也。

天尊地卑，君臣定矣。卑高已陳，貴賤位矣。動靜有常，小大殊矣。方以類聚，物以群分，則性命不同矣。在天成象，在地成形；如此，則禮者天地之別也。

天地萬物，動靜有常，而小大之事亦然，殊謂動靜異宜，其作動也，其止靜也，方，向也，之東者不之西，親上者不親下，故各以類而聚也，物即動植之物，其羣既不同，而羣之中又有分也，物之生各有性，而其生之長短鉅細又各不同，則天之命也，象光耀也，形體質也。

地氣上齊，天氣下降，陰陽相摩，天地相蕩，鼓之以雷霆，奮之以風雨，動之以四時，暖之以日月，而百化興焉。如此則樂者天地之和也。

齊，古躋字，升也，摩猶迫也，蕩猶動也，奮，迅也，百化，百物化生也。

化不時則不生，男女無辨則亂升；天地之情也。

不時，不得其時也，亂升，言階之為亂也，此承上兩斷而又反言以申之，和故百物皆化，化不時則不生，樂失其和之故，以天地明人事也，序故羣物皆別，男女無辨則亂升，以人事明天地也，情，實也，即理也。

及夫禮樂之極乎天而蟠乎地，行乎陰陽而通乎鬼神；窮高極遠而測深厚。

及謂及其極至也，此又承上言禮樂得其功效，則無乎不在也。

樂著大始，而禮居成物。

有物必由於有始，有始必至於有物，然於始溯其大，則義原始之前，於物究其成，則又要物之後，大始藏於無朕，著之而其理可見矣，成物顯其有所，居之而其功不窮矣，此又極言禮樂之用，顯微無間，悠久無疆也。

著不息者天也，著不動者地也。一動一靜者天地之間也。故聖人曰禮樂云。

不息以氣言，不動以形言，著不息，如四時之運，著不動，如百物之成，天地之間，一動一靜，往來不窮者，鬼神陰陽而已，而禮樂行乎陰陽，通乎鬼神，故聖人所以贊化育者，必曰禮樂也。

以上樂理。

昔者，舜作五弦之琴以歌南風，夔始制樂以賞諸侯。

五弦備五音也，蓋洞越、練朱之制，雖古有之，而以五音作五弦，始於舜也，南風，長養萬物之風，歌詞見今《家語》，恐王肅偽作，不足憑也，夔賞諸侯之樂未聞，或即《韶》樂。

故天子之為樂也，以賞諸侯之有德者也。德盛而教尊，五穀時熟，然後賞之以樂。故其治民勞者，其舞行綴遠；其治民逸者，其舞行綴短。故觀其舞，知其德；聞其謚，知其行也。

民勞則德薄，鄨相去遠，舞人少也，民逸則德盛，鄨相去近，舞人多也，謚者行之跡，故又以比擬舞樂也。

《大章》，章之也。《咸池》，備矣。《韶》，繼也。《夏》，大也。殷周

之樂，盡矣。

《大章》即《雲門》《大卷》，《咸池》即《大咸》也，蓋皆黃帝之樂，而堯增修而用之，故又皆以為堯樂也，之，指德而言，備謂德無少缺也，殷周之樂，《大濩》《大武》也，盡言無復餘蘊也。

天地之道，寒暑不時則疾，風雨不節則饑。教者，民之寒暑也；教不時則傷世。事者民之風雨也；事不節則無功。然則先王之為樂也。以法治也，善則行象德矣。

教者，先王所以化物也，因時之宜而立教，乃能善世；事者，先王所以應物也，通物之變而用事，乃有成功；以法治，謂以樂表致治之法也，善。法善而樂亦善也，行即教與事之見於樂者，象德，象其致治之德，無不時不節之害也。

夫豢豕為酒，非以為禍也，而獄訟益繁，則酒之流生禍也。是故先王因為酒禮，壹獻之禮，賓主百拜，終日飲酒而不得醉焉；此先王之所以備酒禍也。故酒食者所以合歡也；樂者所以象德也；禮者所以綴淫也。

豢，養也，為，作也，言養豕作酒，本以享祀養賢，而小人飲之善酗，以致獄訟也，壹獻如鄉飲酒等禮，百拜言其儀之多也，綴猶止也，淫，過也，舞者有行綴，則不可妄動，猶禮節之不可過也。

是故先王有大事，必有禮以哀之；有大福，必有禮以樂之。哀樂之分，皆以禮終。

大事，死喪之屬，以禮哀之，喪禮是也，以禮樂之，嘉禮是也，分如界限之分，終，竟也，以禮終則不至過而流矣。

樂也者，聖人之所樂也，而可以善民心，其感人深，其移風易俗，故先王著其教焉。

著，尊尚表顯之也，如立司樂官屬以教國之子弟也，聖人之所樂無不正，故其發而為樂無不和，以其正，故善民心，以其和，故感人深，惟正且和，故又能移風易俗也。

以上樂施，又「樂也者施也」至「贈諸侯也」二節當在此下，脫簡誤在「樂象」後。

夫民有血氣心知之性，而無哀樂喜怒之常，應感起物而動，然後心術形焉。

心有常而情無常，以情為物所揉也，應感，應物之來感也，起物而動，為物所起而心無不動也，術，所由也，形猶見也，別言之，有血氣、心知之異，舉要而言，則心為本也。

是故志微噍殺之音作，而民思憂。嘽諧慢易、繁文簡節之音作，而民康樂。粗厲猛起、奮末廣賁之音作，而民剛毅。廉直、勁正、莊誠之音作，而民肅敬。寬裕肉好、順成和動之音作，而民慈愛。流辟邪散、狄成滌濫之音作，而民淫亂。

志微，所見小也，傳云其細已甚是矣，繁文簡節，文雖繁而節則簡也，末謂四肢奮末、手舞足蹈也，賁，如虎賁、旅賁之賁，廣賁亦勇壯之意，肉好，豐肉肥澤也，狄成，習為無禮也，滌，灑也，滌濫，如水之下流而放濫也，言六音之感人心，各以類應也，與篇首言六音之生，由人心之感物，其事異而理同。

是故先王本之情性，稽之度數，制之禮義。合生氣之和，道五常之行，使之陽而不散，陰而不密，剛氣不怒，柔氣不懾，四暢交於中而發作於外，皆安其位而不相奪也；然後立之學等，廣其節奏，省其文采，以繩德厚。律小大之稱，比終始之序，以象事行。使親疏貴賤、長幼男女之理，皆形見於樂，故曰：「樂觀其深矣。」

情性，人心之所感者，度謂律呂分寸，數如黃鐘之寸有九之屬，禮義如用八、用六，宮縣、軒縣之類，合，聚也，生氣之和，天地絪縕生物之和氣也，道猶路也，五常之行，仁義禮智信，根於木金水火土之五行者也，陰陽剛柔，樂音之節奏分際，與天地人心相似者也，不散、不密、不怒、不懾，則皆得其中，而無過不及之患矣；暢而交，律之諧乎聲者也，發而作，聲之達於器者也，安位不相奪，則無不諧矣，學等，學中作樂之差等，即大司樂合國之子弟所教者，廣謂充而擴之，節以止樂，奏以作樂，如《周官》小師掌六樂之節，鍾師掌九夏之奏是也，廣其節奏，如自一成至九成，省，審察也，文，歌聲之文也，采，舞容之採采，繩猶度也，德者性所固有，繩德厚，言以樂教人，則可以繩人固有之德，使不失其厚也，律，述也，謂以律呂辨之小大之稱，如大不過宮、細不過羽之類，比，次比也，終始之序，如奏於宗廟，則黃鐘為宮、大呂為角、大蔟為徵、應鍾為羽之類，象事行，象人所行之事也，親疏貴賤、長幼男女之理，如律呂以次編列而損益上下，或遠而親，或近而疏，或君為貴，或臣為賤，或先而長，或後而幼，或陽娶妻，或陰生子，皆其理之見於樂者也，樂觀其深，

言但觀夫樂，而其益人已深也，稱故曰，蓋古語有之。

土敝則草木不長，水煩則魚鱉不大，氣衰則生物不遂，世亂則禮慝而樂淫。是故其聲哀而不莊，樂而不安，慢易以犯節，流湎以忘本。廣則容姦，狹則思欲，感條暢之氣而滅平和之德。是以君子賤之也。

感，動也，動人條暢之氣，使失所也，此極言淫樂之害。

以上樂言言疑當作形。

凡姦聲感人，而逆氣應之；逆氣成象，而淫樂興焉。正聲感人，而順氣應之；順氣成象，而和樂興焉。倡和有應，回邪曲直，各歸其分；而萬物之理，各以其類相動也。

聲感人，倡也，氣應之，和也，姦聲感則逆氣應，正聲感則順氣應，是倡和有應也；回，乖違也，邪，邪僻也，曲直皆以形喻，歸其分，言其分際不少爽也，動猶召也，聲之感人，自外而入，氣之感聲，由中而出，氣之作也，不可得而見，及其成也，已形見於樂，而樂為之興矣，故君子慎所以感之，如下節所云也。

是故君子反情以和其志，比類以成其行。姦聲亂色，不留聰明；淫樂慝禮，不接心術。惰慢邪辟之氣不設於身體，使耳目鼻口、心知百體皆由順正以行其義。

反，復也，情易逐物，故必反之於正，而後可以和其志，類有善惡之殊，比次以辨之，則亦歸於正而成行矣，留，來而止也，接，與之交也，設，施也，不留、不接、不設，則皆由順正而可以行義，此皆人君先自治之事。

然後發以聲音，而文以琴瑟，動以干戚，飾以羽旄，從以簫管。奮至德之光，動四氣之和，以著萬物之理。

發，發其順正之義也，琴瑟，堂上樂，干戚，武舞，羽旄，文舞，簫管，堂下樂，奮，迅出也，至德，君之至德，動和氣而著物理，則無不形見於樂矣。

是故清明象天，廣大象地，終始象四時，周還象風雨。五色成文而不亂，八風從律而不姦，百度得數而有常。小大相成，終始相生。倡和清濁，迭相為經。

清明以氣言，廣大以容言，終始以作止言，周還以曲調言；色，疑聲字之誤，五聲成文而不亂，言樂之和也，八風，八方之風，從律而不姦，則天地與四時風雨無不和矣；百度，百為之法度也，得數有常，則凡在事物，無不得所

矣，如黃鐘為萬事根本是也，小大終始、清濁唱和，則又以五聲之變不可勝窮，而要不外於旋相為宮也。

故樂行而倫清，耳目聰明，血氣和平，移風易俗，天下皆寧。

行猶作也，用也，倫，條理也，清，皦如不相奪也，聰明、和平，君之一身化於樂之和也，至風俗皆寧，則達之天下矣，此極言和樂興之功效也。

故曰：樂者樂也。君子樂得其道，小人樂得其欲。以道制欲，則樂而不亂；以欲忘道，則惑而不樂。

此釋樂之字義，以明君子小人各有所樂，其名同而其實異，道謂仁義，欲謂淫邪。

是故君子反情以和其志，廣樂以成其教，樂行而民鄉方，可以觀德矣。

反情和志，則能以道制己之欲，廣樂成教，則能以道制人之欲，方猶道也，德，君德也。

德者性之端也。樂者德之華也。金石絲竹，樂之器也。詩言其志也，歌詠其聲也，舞動其容也。三者本於心，然後樂器從之。

德者，得乎情之正者也，故以為性之端，德蘊於內，非樂無以發之，故以樂為德之華，即下英華髮外是也，詩、歌、舞皆人之所不能自己者，以其本於心也，樂器從之，謂八音隨之而合律也。

是故情深而文明，氣盛而化神。和順積中而英華髮外，唯樂不可以為偽。

情深，德之至也，文明，意之達也，氣盛，用之和也，化神，感之速也，情深氣盛，則和順積於中矣，文明化神，則英華髮於外矣，有諸內必形諸外，故不可為偽也。

樂者，心之動也；聲者，樂之象也。文采節奏，聲之飾也。君子動其本，樂其象，然後治其飾。

象即上象天象地之象，聲有不似不足以為樂也，本即心也，樂發於心而得所象，然後致飾以文之，乃可以象功昭德也。

是故先鼓以警戒，三步以見方，再始以著往，復亂以飭歸。奮疾而不拔，極幽而不隱。獨樂其志，不厭其道；備舉其道，不私其欲。是故情見而義立，樂終而德尊。君子以好善，小人以聽過。故曰：生民之道，

樂為大焉。

鼓，陽聲，凡作樂，皆先鼓，所以警眾，使戒具也，三者數之，成步行也，方，舞位也，舞有四表，舞者自南北出，故以方言三步見方，三舉足乃見所立之方位也，舞者始而北出，再始則周而復始也，始出為往，至於再則往之義著矣，治亂曰亂，樂之卒章也，歸猶終也，謂既往而還歸也，至樂之將終，而更加整治其聲容，所以致飭也，奮疾，奮迅而疾速也，拔則其奮太疾矣，極幽，窮極幽微，不易見之意也，不隱，無不呈露也，志者，聖人之所自得，故言獨，道者，天下之所共由，故言備，獨樂而自得，則其道久而不厭，共由而備舉，則其欲同而無私，情見義立，不容偽也，樂終德尊，其效著矣，聽過，知其過而退聽，以制欲也，好善聽過，皆感於樂，君子、小人，以位言之。

以上樂象。

樂也者施也；禮也者報也。樂，樂其所自生；而禮，反其所自始。樂章德，禮報情反始也。

樂以聲容感人，故主施禮有節，文尚往來，故主報惟施也，故樂其所自生，蓋無其功德，則不能有其聲容也，惟報也，故反其所自始，蓋無其秩序，則亦不能有其節文也，情即天倫之實意，有其聲容，即足以著其德而樂生，有其節文，即足以答其誠而反始，皆自然之道，樂不更言樂生，省文也，此下二節，劉向目錄及《史記》俱在樂施篇之末，當從之。

所謂大輅者，天子之車也。龍旂九旒，天子之旌也。青黑緣者，天子之寶龜也。從之以牛羊之群，則所以贈諸侯也。

天子大輅，玉輅也，此以贈諸侯，則謂金輅以下；九旒，上公之制，如魯所建者，天子則十二旒而建；日月之常，寶龜青黑緣，即公羊所云龜青純也；羣，不一也，贈，贈來朝者也，上節表樂施名篇之義，此節舉禮報，以終制樂賞諸侯之意。

樂也者，情之不可變者也。禮也者，理之不可易者也。樂統同，禮辨異，禮樂之說，管乎人情矣。

樂之文可變，而情不可變，情主和而有常也，禮之制可易而理不可易，理主節而有定也，同即情之同也，異即理之異也，說其所以然之義也，管者，有所主治，相為終始也。

以下樂情。

窮本知變，樂之情也；著誠去偽，禮之經也。禮樂偵天地之情，達神明之德，降興上下之神，而凝是精粗之體，領父子君臣之節。

本，謂人心之感勤，變，五音六律之變也，偵猶依象也，降，下也，興猶出也，凝，成也，禮樂之體之精者，存乎中和敬順，凝則極於位育參贊之微，禮樂之體之粗者，見於日用飲食，凝則著於事為言動之跡，領，主治之也，節如尊卑貴賤之差。

是故大人舉禮樂，則天地將為昭焉。天地欣合，陰陽相得，煦嫗覆育萬物，然後草木茂，區萌達，羽翼奮，角骼生，蟄蟲昭蘇，羽者嫗伏，毛者孕鬻，胎生者不殰，而卵生者不殈，則樂之道歸焉耳。

舉猶用也，謂舉而措之也，昭，明也，欣同欣，氣曰煦、體曰嫗，區同句，屈生也，萌，直出也，已成曰茂，已生曰達，骼，無䚡之角，一曰有枝曰骼，無枝曰角，飛鳥以羽翼奮為成，走獸以角骼生為壯，蟄，伏也，昭，曉也，蟄蟲以發出為曉、更息為蘇，孕，任也，鬻，生也，內敗曰殰，殈，裂也，歸，歸功也，言天地之和，無不應也，不言禮，省文。

樂者，非謂黃鐘大呂絃歌干揚也，樂之末節也，故童者舞之。鋪筵席，陳尊俎，列籩豆，以升降為禮者，禮之末節也，故有司掌之。樂師辨乎聲詩，故北面而弦；宗祝辨乎宗廟之禮，故後尸；商祝辨乎喪禮，故後主人。

陽律以黃鐘為首，陰律以大呂為首，弦，琴瑟也，歌，人聲也，干，盾也，揚，鉞也，二者皆武舞也；禮，樂之末節，皆舉一端以互見也，樂師，謂樂人所師，即大師以下瞽者也，聲詩，即歌詩，歌者尚聲也，北面，堂上北面也，宗，宗人也，祝，大祝也，商祝，喪祝也，南面，人君之位，尊者所立，祭以尸為尊，喪以主人為尊，明辨末節者皆卑也。

是故德成而上，藝成而下；行成而先，事成而後。是故先王有上有下，有先有後，然後可以有制於天下也。

德成而上，非遺藝也，藝成而下，則局於藝矣，行成而先，非廢事也，事成而後，則役於事矣，本末具舉，精粗不廢，然後可以制作禮樂，以治天下也，上下以位，言先後以序言。

魏文侯問於子夏曰：「吾端冕而聽古樂，則唯恐臥；聽鄭衛之音，則不知倦。敢問：古樂之如彼何也？新樂之如此何也？」

魏文侯，晉大夫畢萬之後，凡冕服皆端衣，端衣皆正幅。

以下魏文侯。

子夏對曰：「今夫古樂，進旅退旅，和正以廣。弦匏笙簧，會守拊鼓，始奏以文，復亂以武，治亂以相，訊疾以雅。君子於是語，於是道古，修身及家，平均天下。此古樂之發也。

旅，眾之行列也，會，合也，守，不移也，拊，磬也，文如《韶》、武如《大武》也，相、雅皆樂器名，相以韋為表，裝之以糠，雅如漆筩，皆以節樂者，亂與疾皆歌舞將終之名，故以相與雅節之，語即樂語，謂樂之倫理，皆禮義所寓，可講說也，道古，謂古聖王之功德，形於樂者，可稱述也。

今夫新樂，進俯退俯，姦聲以濫，溺而不止；及優侏儒，糅雜子女，不知父子。樂終不可以語，不可以道古。此新樂之發也。

樂有屈伸俯仰，乃可成文，今但一於俯言，無儀也，蓋姦濫不正之形，有如是者，溺如濡於水而下沉也，俳優、侏儒皆童幼短小昏頑之人，獶，獼猴也，言舞者如獼猴戲也，雜子女，男女無別也，不知父子，尊卑無等也。

今君之所問者樂也，所好者音也！夫樂者，與音相近而不同。」

言文侯好音而不知樂也，鏗鏘之類皆為音，應律乃為樂。

文侯曰：「敢問何如？」子夏對曰：「夫古者，天地順而四時當，民有德而五穀昌，疾疢不作而無妖祥，此之謂大當。然後聖人作為父子君臣，以為紀綱。紀綱既正，天下大定。天下大定，然後正六律，和五聲，絃歌詩頌，此之謂德音；德音之謂樂。《詩》云：『莫其德音，其德克明。克明克類，克長克君，王此大邦；克順克俾，俾於文王，其德靡悔。既受帝祉，施于孫子。』此之謂也。」

疢，熱疾也，地反物為妖祥，異也如亳有祥，大當，無物不得所也，紀綱，本為天秩，猶待聖人為而正之者，天地四時民物，未至大當則民無恆產，因無恒心，未暇治禮義也；德音，有德之音，非徒音也，《詩‧大雅‧皇矣》篇傳曰「德正應和曰莫，照臨四方曰明，勤施無私曰類，教誨不倦曰長，賞慶刑威曰君，慈和徧服曰順，擇善而從之曰比」，比，此作俾，義雖異而實亦可通，言王季之德如此，故能使文王之德一無所悔也，引詩以明德音必如文王，然後其音可謂之樂。

今君之所好者，其溺音乎？」文侯曰：「敢問溺音何從出也？」子夏

對曰：「鄭音好濫淫志，宋音燕女溺志，衛音趨數煩志，齊音敖辟喬志；此四者皆淫於色而害於德，是以祭祀弗用也。

濫，放溢也，燕，安也，趨數，促狹也，敖辟，誇誕也，志淫則心蕩，志溺則心下，志煩則心亂，志驕則心高，皆非中正之聲，乃敗德之音也。

《詩》云：『肅雍和鳴，先祖是聽。』夫肅肅，敬也；雍雍，和也。夫敬以和，何事不行？

《詩·周頌·有瞽》篇，言古樂之和鳴，由於人之和敬，故可以感神人而異於山國之音也。

為人君者謹其所好惡而已矣。君好之，則臣為之。上行之，則民從之。《詩》云：『誘民孔易』，此之謂也。」

《詩·大雅·板》篇，誘、牖音相近，義亦相似。

然後，聖人作為鞀、鼓、椌、楬、塤、篪，此六者德音之音也。然後鍾磬竽瑟以和之，干戚旄狄以舞之，此所以祭先王之廟也，所以獻酬酳酢也，所以官序貴賤各得其宜也，所以示後世有尊卑長幼之序也。

六者為本，以其聲質也，椌、楬，柷敔也，狄同翟，雉羽也，官序貴賤謂尊卑，樂器列數有差次也。

鐘聲鏗，鏗以立號，號以立橫，橫以立武。君子聽鐘聲則思武臣。石聲磬，磬以立辨，辨以致死。君子聽磬聲則思死封疆之臣。絲聲哀，哀以立廉，廉以立志。君子聽琴瑟之聲則思志義之臣。竹聲濫，濫以立會，會以聚眾。君子聽竽笙簫管之聲，則思畜聚之臣。鼓鼙之聲讙，讙以立動，動以進眾。君子聽鼓鼙之聲，則思將帥之臣。君子之聽音，非聽其鏗槍而已也，彼亦有所合之也。

鏗，堅剛聲，號，號令，所以警眾也，橫，充也，謂氣作充滿也，磬，樂器，其聲堅確，故有分辨也，辨則明於節義，可以致死矣，廉，廉隅有棱也，濫，泛濫洋溢也，會，合也，畜，養也，畜聚，養民聚財也，讙，嘩也，動，欲有作為也，有所合，謂聲與心融，故樂足以成己之志而得所思也，以上皆子夏對文侯論樂之言，本末該貫，根極義理，而未嘗不切於時勢，聖門文學於此可見。

賓牟賈侍坐於孔子，孔子與之言及樂，曰：「夫《武》之備戒之已久，何也？」對曰：「病不得眾也。」「詠歎之，淫液之，何也？」對曰：「恐

不逮事也。」「發揚蹈厲之已蚤，何也？」對曰：「及時事也。」「武坐致右憲左，何也？」對曰：「非武坐也。」「聲淫及商，何也？」對曰：「非《武》音也。」子曰：「若非《武》音，則何音也？」對曰：「有司失其傳也。若非有司失其傳，則武王之志荒矣。」子曰：「唯！丘之聞諸萇弘，亦若吾子之言是也。」

賓牟，姓，賈，名，武，《大武》也，備者有所防，戒者有所飭，詠歎、淫液，歌遲之也，病不得眾，恐不遠，事，臨事而懼也，發揚，手容，蹈厲，足容，已蚤，猶甚速急也，事，戎事也，及時事，謂時至則武事不可緩，如《易傳》進德修業之欲及時也，致，至也，右，右足也，右膝至地也，憲當作軒，古或通憲，左謂懸左膝不至地，據《武》亂皆坐，故曰非也，淫，過也，商者五音中殺伐之聲，祭祀不用，而後人武〔註1〕《大武》，其樂音有過而入於商，聲商調者也，有司，典樂者也，失傳故誤且妄也，荒，悖也，唯，語助詞，萇弘，周大夫。

以下賓牟賈。

賓牟賈起，免席而請曰：「夫《武》之備戒之已久，則既聞命矣，敢問：遲之遲而又久，何也？」子曰：「居！吾語汝。夫樂者，象成者也；總干而山立，武王之事也；發揚蹈厲，大公之志也。《武》亂皆坐，周、召之治也。

免席，避席也，遲，待也，待而又久，即待諸侯之至，成，成功也，總干，持盾也，山立，正立也，武王之事，始事也，大公之志，再成之舞也，亂，樂之卒章，皆坐，武功告成，將偃武修文也，治，治天下也，周召之治，謂分陝時，所以遲久之故，即下周公左、召公右也。

且夫《武》，始而北出，再成而滅商。三成而南，四成而南國是疆，五成而分周公左召公右，六成復綴以崇天子，夾振之而駟伐，盛威於中國也。分夾而進，事蚤濟也，久立於綴，以待諸侯之至也。

樂以一變為一成，紂都在北，故武舞始自南，而北出以伐紂也，南，南歸也，南國是疆，南方諸侯皆服也，周、召分左右，分職以治東方、西方之諸侯也，復綴，舞者各還本位也，崇，天子，四方諸侯皆尊武王為天子，而天下大定也，夾謂分左右軍也，振，振眾也，蓋司馬振鐸以作眾也，駟，駟乘之甲士

〔註1〕此處疑為舞字。

也，伐即伐紂也，盛威中國，謂牧野之事，分夾而進，又申上馳伐，盛威之事
也，事蚤濟，即會朝清明也，久立於綴，即復綴也，至謂諸侯來朝，會新天子
也，人眾而當革命之際，故久立以待之。

且女獨未聞牧野之語乎？武王克殷反商。未及下車而封黃帝之後於
薊，封帝堯之後於祝，封帝舜之後於陳。下車而封夏后氏之後於杞，投
殷之後於宋。封王子比干之墓，釋箕子之囚，使之行商容而復其位。庶
民弛政，庶士倍祿。濟河而西，馬散之華山之陽，而弗復乘；牛散之桃
林之野，而弗復服。車甲釁而藏之府庫，而弗復用。倒載干戈，包之以
虎皮；將帥之士，使為諸侯；名之曰建櫜。然後知武王之不復用兵也。

牧野之語，語《武》舞之義，即樂語也，古者於旅也語，語武舞則言牧野
之事矣，反，還也，武王克紂於牧野，還反自商也，投猶置也，投殷後於宋，
略武庚之叛而言微子也，行，用也，商容，商之禮樂也，使之行商容，示不臣
也，復其位，即封之朝鮮也，弛政，去紂時苛政也，倍祿，蓋商士祿薄，至周
加厚也，西，西歸也，華山，今商州雒南縣東北有陽華山，桃林塞，自靈寶縣
西至潼關，廣圍三百里皆是，釁同衅，倒載，以鋒刃向下也，建謂封建諸侯，
櫜謂櫜藏甲兵也，蓋當時有此名，故後世傳述之。

散軍而郊射，左射狸首，右射騶虞，而貫革之射息也。裨冕搢笏，
而虎賁之士說劍也。祀乎明堂而民知孝。朝覲然後諸侯知所以臣，耕藉
然後諸侯知所以敬。五者，天下之大教也。

郊射，習射於郊也，左射、右射，或云東郊、西郊，或云下射、上射，要
皆率約詞耳，《狸首》，逸《詩》名，諸侯射以為樂節，《騶虞》詩見《召南》，
天子射以為樂節，蓋惟君射於國中，時武事始畢，故天子、諸侯猶與射士習射
於郊也；貫革，射穿甲革也，始以樂節習射，故不主貫革矣，裨冕，玄冕黼黻
衣裳也，祀乎明堂，尊祀文王於明堂以配天，首追王文王也，朝覲制為諸侯來
朝會之制也，詳見《周官》及《儀禮》，耕藉，躬耕藉田也。

食三老五更於大學，天子袒而割牲，執醬而饋，執爵而酳，冕而總
干，所以教諸侯之弟也。

袒而割牲，示服勞也，饋，饋食也，饋不止於醬，以醬為重，如獻熟食，
操醬齊也，以酒滌口曰酳，饋酳以致養也，總干，《武》舞也，舞莫重於舞宿
夜，即此，冕而總干，以侑食也，是亦足以教孝矣，止言弟者，未若嚴父配天
之大也。

若此則周道四達，禮樂交通。則夫《武》之遲久，不亦宜乎！」

四達者，東西南北無不達也，交通者，上下內外無不通也，道以形上者言，禮樂以形下者言，言《大武》之功德，其大如是，故歷時不得不久也，此篇以後儒約述先聖遺言，止可得其大意，大都措詞粗率，甚且失實，不可盡信。

君子曰：禮樂不可斯須去身。致樂以治心，則易直子諒之心油然生矣。易直子諒之心生則樂，樂則安，安則久，久則天，天則神。天則不言而信，神則不怒而威，致樂以治心者也。

斯須，猶頃刻也，不可斯須去，記者引君子之言，下皆釋其義也，致如學以致道之致，言我有以致之，使至也，子諒者，如赤子之誠，無少私偽也，《韓詩外傳》作慈良，字雖異而大義亦略相似，易者天之道，直者地之道，子諒則人之本心也，樂言心之無憂，安言身之無危，安則得所固有而久矣，久則不息而如天矣，天則不可知而神矣，因其不言而信謂之天，因其不怒而威謂之神，其實一也。

以下樂化。

致禮以治躬則莊敬，莊敬則嚴威。心中斯須不和不樂，而鄙詐之心入之矣。外貌斯須不莊不敬，而易慢之心入之矣。

易，輕易也，和樂、莊敬，根於內者也，鄙詐、易慢，誘於外者也，故曰入。

故樂也者，動於內者也；禮也者，動於外者也。樂極和，禮極順，內和而外順，則民瞻其顏色而弗與爭也；望其容貌，而民不生易慢焉。故德輝動於內，而民莫不承聽；理發諸外，而民莫不承順。故曰：致禮樂之道，舉而錯之，天下無難矣。

動，感動也，樂治心，故云動內，禮治躬，故云動外，極和於內，和於心也，極順於外，順於身也，德輝，至德之光，即樂也，理即禮也，理其一定而自然者也，道即和順也，舉以治心、治躬，措之則安久、嚴威，而至於天且神矣。

樂也者，動於內者也；禮也者，動於外者也。故禮主其減，樂主其盈。禮減而進，以進為文：樂盈而反，以反為文。禮減而不進則銷，樂盈而不反則放；故禮有報而樂有反。禮得其報則樂，樂得其反則安；禮

之報，樂之反，其義一也。

再言動內外者，更端之義也，主減者，禮以樽節退遜，檢束收斂為主也，主盈者，樂以舒暢發越，動盪洋溢為主也，進自勉強而進也，反自抑止而反也，文猶美也，善也，減者苦於裁抑，當以力行不懈，而進之為善，盈者易於流蕩，當以知節有終，而反之為善，銷，衰怠不能行也，如跛倚臨祭之類，放，蕩佚不能止也，如靡音忌倦之類，報如禮尚往來，禮行而卑者志事畢達，尊者德譽日光，是得其報也，樂行而大小相成，終始相生，是得其反也，其義一，謂適於中和，不銷不放也。

夫樂者樂也，人情之所不能免也。樂必發於聲音，形於動靜，人之道也。聲音動靜，性術之變，盡於此矣。

免猶自止也，人之道，人之所為也，性術者，性之所由，即情也，變，自樂而變也，盡於此，無不由之也。

故人不耐無樂，樂不耐無形。形而不為道，不耐無亂。

耐，古能字，形，見也，即聲音動靜也。

先王恥其亂，故制雅、頌之聲以道之，使其聲足樂而不流，使其文足論而不息，使其曲直繁瘠、廉肉節奏足以感動人之善心而已矣。不使放心邪氣得接焉，是先王立樂之方也。

流猶淫放也，文即《雅》《頌》之詞，論而不息，即可為樂語，且久之而為道古也，曲直，歌之曲折也，繁瘠、廉肉，聲之鴻殺也，節奏闋作，進止所宜也，方猶道也。

是故樂在宗廟之中，君臣上下同聽之則莫不和敬；在族長鄉里之中，長幼同聽之則莫不和順；在閨門之內，父子兄弟同聽之則莫不和親。故樂者審一以定和，比物以飾節；節奏合以成文。所以合和父子君臣，附親萬民也，是先王立樂之方也。

一者，中聲也，審得中聲，乃可以定和也，物者器也，如八音之屬，節奏合以成文，五聲、八音克諧而相應和也。

故聽其雅、頌之聲，志意得廣焉；執其干戚，習其俯仰詘伸，容貌得莊焉；行其綴兆，要其節奏，行列得正焉，進退得齊焉。故樂者天地之命，中和之紀，人情之所不能免也。

得廣者，人之志意公正則廣，私邪則狹也，要猶會也，約也，命猶令也，

人物之所受也，命既立矣，得天地之正氣為中，得天地之衝氣為和，紀，所以條理也。

夫樂者，先王之所以飾喜也，軍旅鈇鉞者，先王之所以飾怒也。故先王之喜怒，皆得其儕焉。喜則天下和之，怒則暴亂者畏之。先王之道，禮樂可謂盛矣。

儕猶類也，和如倡和之和，非善不喜，故天下和之，非惡不怒，故暴亂者畏之，上兼言禮樂，故仍以兼結也。

子贛見師乙而問焉，曰：「賜聞聲歌各有宜也，如賜者，宜何歌也？」師乙曰：「乙賤工也，何足以問所宜？請誦其所聞，而吾子自執焉。

宜，性所宜也，執猶處也。

以下師乙。

愛者宜歌商；溫良而能斷者宜歌齊。夫歌者，直己而陳德也。動己而天地應焉，四時和焉，星辰理焉，萬物育焉。故商者，五帝之遺聲也。寬而靜、柔而正者宜歌頌。廣大而靜、疏達而信者宜歌大雅。恭儉而好禮者宜歌小雅。正直而靜、廉而謙者宜歌風。肆直而慈愛，商之遺聲也。

此文簡編脫亂，失次又多，「愛商之遺聲也」六字，今錄存原本下，另從鄭注，依《史記》更正本。

寬而靜、柔而正者宜歌頌。廣大而靜、疏達而信者宜歌大雅。恭儉而好禮者宜歌小雅。正直而靜、廉而謙者宜歌風。肆直而慈愛者宜歌商，溫良而能斷者宜歌齊。

《商》，宋詩也，魯定公名宋，時人諱之，故以宋為商。

夫歌者，直己而陳德也。動己而天地應焉，四時和焉，星辰理焉，萬物育焉。

人之一身，凡天地、四時、星辰、萬物之理，莫不畢具，故歌以運動己德，則其應和理育，自有不期然而然者，直己陳德，亦謂直循己性，以陳己之所得也。

故商者，五帝之遺聲也。商人識之，故謂之商。齊者三代之遺聲也，齊人識之，故謂之齊。

五帝、三代之聲，去時已遠，故據當時所傳，得其遺聲者以明之。

明乎商之音者，臨事而屢斷，明乎齊之音者，見利而讓。臨事而屢斷，勇也；見利而讓，義也。有勇有義，非歌孰能保此？

明者不為物蔽之謂，慈愛者多所牽而不能斷，商音駿厲，故勇決而屢斷也，能斷者或過決而不能讓，齊音皋緩，故循義而退讓也，保猶安也。

故歌者，上如抗，下如隊，曲如折，止如槀木，倨中矩，句中鉤，累累乎端如貫珠。

抗，舉也，隊，古墜字，落也，曲，回轉委曲，不止一折也，倨，方曲也，以其曲而仍直，故曰倨，句，圓曲也，累累，圓轉重疊，終始不絕也，言歌聲之高下曲折、停頓貫串，有如此者。

故歌之為言也，長言之也。說之，故言之；言之不足，故長言之；長言之不足，故嗟歎之；嗟歎之不足，故不知手之舞之，足之蹈之也。」子貢問樂。

長言之，引其聲也，嗟歎，和續之也，舞蹈，歡之至也，子貢問樂句，目上事與《文王世子》之周公踐阼同，記者失刪耳。

禮記卷二十　雜記上

本雜記喪事又間及他禮。

諸侯行而死於館，則其復如於其國。如於道，則升其乘車之左轂，以其綏復。其輴有裧，緇布裳帷素錦以為屋而行。至於廟門，不毀牆遂入適所殯，唯輴為說於廟門外。

館，行舍也，復，招魂也，道未及至館，猶在道也，升車左轂，象升屋東榮，綏，挽以上車之索，輴，蓋柩之車飾，將殯曰輴，將葬曰柳，裧，如鱉甲輴之邊緣也，緇布裳帷，圍棺者也，然則輴為上，覆其青色歟？屋，其中小帳襯覆棺者，廟門，殯宮之廟門也，不毀牆，嫌如柩出，有毀宗之事，故特著之，說與脫通，惟輴脫，惟屋不去也。

大夫、士死於道，則升其乘車之左轂，以其綏復。如於館死，則其復如於家。大夫以布為輴而行，至於家而說輴，載以蜃車，入自門至於阼階下而說車，舉自阼階，升適所殯。

布，白布也，蜃車無輪，即蜃車也，諸侯之柩在道，即載以輴車，不脫車而殯，大夫則至家而後載以蜃車，又脫蜃車於阼階下，而後殯也。

士輴，葦席以為屋，蒲席以為裳帷。

士但言輴，不詳所為，與大夫同也，大夫不言，惟屋與諸侯同，可知皆文互備也。

凡訃於其君，曰：「君之臣某死」；父母、妻、長子，曰：「君之臣某之某死」。君訃於他國之君，曰：「寡君不祿，敢告於執事。」夫人，曰：「寡小君不祿。」；大子之喪，曰：「寡君之適子某死。」大夫訃於

同國：適者，曰：「某不祿」；訃於士，亦曰：「某不祿」；訃於他國之君，曰：「君之外臣寡大夫某死」，訃於適者，曰：「吾子之外私寡大夫某不祿，使某實。」訃於士，亦曰：「吾子之外私寡大夫某不祿，使某實。」士訃於同國大夫，曰：「某死」，訃於士，亦曰：「某死」；訃於他國之君，曰：「君之外臣某死」，訃於大夫，曰：「吾子之外私某死」，訃於士，亦曰：「吾子之外私某死」。

訃，急走告哀也，不祿，言不復食祿也，死則精氣漸盡矣，死以質言不祿，則稍加文詞，其實一也，與《曲禮》訓短折諸義不同；實者，異國傳聞，或多疑似，故必使人實告，然大夫士訃於他國，非不出境之義，亦衰世之事耳，凡訃於他國之君，皆當云告於執事，不言，省文；適子之適同嫡，適者之適同敵。

大夫次於公館以終喪，士練而歸。士次於公館，大夫居廬，士居堊室。

此辨居君喪，但以貴賤言，未及親疏也，公館，公宮之館，當在八次八舍中；練而歸，士賤恩輕，不待終喪也，又言士次於公館者，見士次公館，乃居堊室，練而歸，雖不終喪，至家不更居堊室也，廬，倚廬也，在路門外，東壁倚木為之，堊室兩下且加堊焉，士，朝士也，若地治之官，當與諸侯奔喪於天子同。

大夫為其父母兄弟之未為大夫者之喪，服如士服。士為其父母兄弟之為大夫者之喪，服如士服。

生者貴而死者賤，則其服從死者，嫌若臨之也，生者賤而死者貴，則其服從生者，嫌若僭之也；禮，三年之喪，自天子下達，衰、車皆無等，然大夫以上喪冠以並絰，士則素委貌，則大夫與士之喪服，其尊卑亦未嘗無別，但禮經之傳者存十一於千百，大夫、士喪服其他尊卑之異，竟無可考，不得以其無可考，而遂疑其無所異，尤不得以其有所異，而遂謂三年之喪，亦因大夫、士而有尊卑之降殺也。

大夫之適子，服大夫之服。

服大夫之服者，大夫之嫡厭於父，從父服也。喪服傳父之所降，子不得不降；父之所不降，子亦不敢降是也。故大夫死，其嫡亦仍得服大夫之喪服。

大夫之庶子為大夫，則為其父母服大夫服；其位，與未為大夫者齒。

尊同不降，不以庶子而賤之，如諸侯不得祖天子，大夫不得祖諸侯也，位與士齒，長幼之序，不以貴賤廢也。

士之子為大夫，則其父母弗能主也，使其子主之。無子，則為之置後。

無嫡以庶為後，並無庶子，則以族人子為置後，以大夫當立宗，不可無主也，父弗主者，父止為士，不能立宗也，此周人貴貴之制，雖大王、王季、文王亦實，實王業所自基，而王之與後世無端封贈之例不同，蓋子雖貴，終不可以己之貴尊其父，即君亦不能以子之貴加其父也。所以然者，父子，天親也，貴人，爵也，立主本為賓而設，以人爵為重，非己之吉凶哀樂所由生也。母字、能字皆不詞，當刪，母無為子主喪之理，主喪又豈論能不能乎？

大夫卜宅與葬日，有司麻衣、布衰、布帶，因喪屨，緇布冠不蕤。占者皮弁。

宅，葬地也。大夫尊，故得用龜卜。麻衣，十五升布之深衣。布衰，謂纚衰。以三升半布為衰，長六寸，廣四寸，綴於衣前，當胸上，後有負版，長尺六寸，廣四寸。喪屨，繩屨也。緇布冠，玄冠委貌也。非始冠缺項之冠，故又以不蕤別之。衣冠皆朝服，衰帶屨與不蕤布繩，所以表凶事也。皮弁亦朝服，占當以尊者臨之，故但皮弁服，不喪服也。蕤同緌。

如筮，則史練冠長衣以筮。占者朝服。

長衣，白布深衣。緣以素者，冠練衣布，示有喪，所以別於朝服。朝服即皮弁服，不云皮弁而云朝服，容玄冠白布端衣也。

大夫之喪，既薦馬。薦馬者，哭踊，出乃包奠而讀書。

薦，進也。馬，駕車就葬之馬。士喪禮下篇：薦馬有三。此謂第三薦馬，將行遣奠時也。哭踊，孝子見進馬，是行期已至，感之而哭踊也。薦馬者，哭踊出，謂薦馬者，當子哭踊時，以馬出也。包奠、包遣，皆與士同。

大夫之喪，大宗人相，小宗人命龜，卜人作龜。

《周官·肆師》：凡卿大夫之喪，相其禮。諸侯宗人職卑，故大夫之喪，大宗人親相君臣一家，故喪事皆官有司贊之。

內子以鞠衣，襃衣，素沙。下大夫以襢衣，其餘如士。

此復所用衣也，當在秋稅素沙下，脫簡在此耳。內子，卿嫡妻也。此謂王朝卿妻，故得服五命鞠衣之服。然猶當奉王后之襃，乃得服之。素沙，其裏

也。沙，古紗字。襃襃者，以有勤勞，特被褒美，故有加命也。卿之內子正服，止宜服三命褖衣。下大夫以褖衣，亦謂下大夫之妻，亦襃衣也。其正服，褖衣也。士妻服褖衣，亦襃衣也。其正服，宵衣而已。其餘者，復不一處，襃衣以下，皆以復也。餘詳《玉藻》。

復，諸侯以襃衣冕服，爵弁服，

襃衣冕服，袞冕服也。又言爵弁服者，袞冕而下，冕服有五，並爵弁為六服，皆以復也。

夫人稅衣揄狄，狄稅素沙。

稅衣猶襃衣也，其所以異名之故，蓋以助祭得服之，非如襃衣之必特命也。揄狄亦夫人加服，其正服止鞠衣耳。狄稅統闕狄而言，凡夫人之揄、闕二狄，皆助祭於王之服，皆以素沙為裏也。

復西上。

凡復，皆北面而招，以西為上，求諸陰幽之義也。復者，多少各如其命數。

大夫不揄絞，屬於池下。

揄，揄狄也。采青黃之間曰絞。屬，繫也。此謂葬時柩車之飾。人君之柩，其池繫絞繒於下，而畫狄雉，名曰振容。大夫降，人君不振容，故不得畫，以揄、絞屬於池下，其池上則得有揄、絞也。此車飾，不言人君及士，亦上下有脫爛也。餘詳《喪大記》。

大夫附於士，士不附於大夫，附於大夫之昆弟。無昆弟，則從其昭穆。雖王父母在，亦然。

附，古祔字。大夫祔士，不敢以己尊自殊於祖也。士不祔於大夫，則又不敢以己之卑士凝於祖之尊也。大夫之昆弟謂為士者，從其昭穆中一以上而祔也。祔也者，附於先死者也。人生固有自，而死亦有漸，故當有所附而往。若祔廟而遷主，則祔之中之，又一義。故無廟者為壇而祔，死則從鬼之義也。王父母在而孫死，不能不祔。王父有昆弟則祔之，無則中一以上而祔，亦猶是也。

婦附於其夫之所附之妃，無妃。則亦從其昭穆之妃。妾附於妾祖姑，無妾祖姑則亦從其昭穆之妾。

夫所附之妃，於婦則祖妃也。無妃，如或被出之類，從其昭穆，亦間一以上也。

男子附於王父則配；女子附於王母，則不配。

配，謂並祭王母；不配，則不祭王父也。有事於尊者，可以及卑；有事於卑者，不敢援尊也。女子未嫁者也。

公子附於公子。

附於公子，附於祖之昆弟為公子者也。公子賤，公子之祖為君，尊不敢親也，猶族人不得以戚戚君。

君薨，大子號稱子，待猶君也。

子者，主喪之稱。未成君，未入見天子而受命也。待猶君者，國之臣民當以君禮待之，以雖未受王命，固先君之子也。

有三年之練冠，則以大功之麻易之；唯杖屨不易。

三年之喪，既練而遭大功之喪，則以麻易之，此以義起禮也。練除首絰，而腰絰與大功初喪粗細同，然葛又不如大功之麻重也。練冠易麻互言之，三年之練與大功皆有絰帶，皆有冠，皆以大功者易之也。然此言降服大功耳，若七升、八升、九升之大功，則不得易也。大功無杖可易，又練與大功屨皆用繩，唯杖屨不易，其餘皆易也。

有父母之喪，尚功衰，而附兄弟之殤則練冠。附於殤，稱陽童某甫，不名，神也。

功衰即練，練之升數與大功同，故亦以功衰名之。尚功衰者，受練已久，特未大祥，則猶為功衰也。兄弟之殤服大功，然既殤且祔，宜輕於父母之練，故比之三年之練，遭降服大功所不易者，又有練冠也。冠下附字當剛，或係重出。附者，已為主祭也。兄為殤而已冠，己為宗子也。宗子則當喪而冠，宗子有統族之尊，與大夫同，不可以未成人之服為父後也。陽童猶云童男，庶子之殤稱甫，非也。甫字亦當剛，其甫蓋宗子為殤而死之稱，此當是記者謬誤，或為庶殤僭稱之愆禮也。云不名，尤非。殤則未冠，未冠則未字，安得不名乎？

凡異居，始聞兄弟之喪，唯以哭對，可也。其始麻，散帶絰。未服麻而奔喪，及主人之未成絰也：疏者，與主人皆成之；親者，終其麻帶絰之日數。

唯以哭對惻怛之痛，不以詞言為禮也。凡喪，小斂而麻散帶垂，謂大功以上，兄弟初聞喪始服麻時，散垂腰之帶絰也。若小功以下，則糾垂不散矣。未

服麻而奔喪，道近故也。主人未成絰，未小斂前也。疏者小功以下，親者大功以上也，皆成之，同成服也。親者雖值主人成服，未即成之，終其麻帶絰之日，敷自用其奔喪，至日滿三日而後成服也。疏者若不及主人之節，亦自用其日數。

主妾之喪，則自絰至於練祥，皆使其子主之。其殯祭，不於正室。君不撫僕妾。

妾本卑賤，得主之者，謂女君死，攝女君者也。附祭於祖姑，尊祖，故自附也。妾祔於妾祖姑，無妾祖姑，則易牲而祔於女君也。練祥則使子者，略之也。加言至於著虞、卒哭，皆使子也。殯祭不於正室，避嫡也。不撫僕妾，貴之於賤，宜略也。

女君死，則妾為女君之黨服。攝女君，則不為先女君之黨服。

雖徒從而抑妾，故為女君黨服，防覬覦也。攝女君差尊，且賓祭之事有不可廢，故不為服也。

聞兄弟之喪，大功以上，見喪者之鄉而哭。適兄弟之送葬者弗及，遇主人於道，則遂之於墓。

見喪者之鄉而哭，奔喪節也。奔喪禮大功望門而哭，與此不同。此言以上當謂降服大功者也。稱兄弟統緦小功，言遇主人於道，主人已葬而返也。遂之於墓，骨肉之親，不須主人可獨往也。

凡主兄弟之喪，雖疏亦虞之。

疏，謂無服者，亦虞之喪事。虞，祔乃裏也。若在小功、緦，當為練祭。

凡喪服未畢，有弔者，則為位而哭拜踊。

未畢，謂服之餘日未終也。有人始來弔，當為位哭踊，不以殺禮待新弔之賓也。言凡五服皆然。

大夫之哭大夫，弁絰；大夫與殯，亦弁絰。大夫有私喪之葛，則於其兄弟之輕喪，則弁絰。

弁絰，皮弁加環絰也。大夫錫衰，相弔之服。與殯，謂未成服而往與殯事也。私喪，妻子之喪。葛，謂卒哭後以葛代麻也。輕喪，緦也。大夫降於緦，無服，寧以弔服往，不可以私喪之未服臨兄弟也。

為長子杖，則其子不以杖即位。為妻，父母在，不杖，不稽顙。母在，不稽顙。稽顙者，其贈也拜。

其子孫也。祖在，本不厭孫，則孫得杖。但與祖同處，不以杖即位，避尊者也。父母在，則為妻不杖，不稽顙。為尊者厭，不敢盡禮於私喪也。父沒母在，為妻但不稽顙，則容杖矣。然於拜贈時，亦稽顙焉，凡以別於父在時也。贈者，助喪之財。凡禮，輕財而重禮，故朋友之饋，雖車馬不拜。於拜贈稽顙者，喪以送終為大，而送終非財不辦，故以助喪為恩厚也。

違諸侯之大夫，不反服。違大夫之諸侯，不反服。

違，去也。之，往仕也。服，為舊君服也。或違尊而之卑，或違卑而之尊，皆不敢還服舊君之服，尊卑異故也。然則新舊君尊同者，當無不為舊君服矣。

喪冠條屬，以別吉凶。三年之練冠，亦條屬，右縫。小功以下左。緦冠繰纓。大功以上散帶。

條屬者，以一條繩屈之為纓，屬於武也。以別吉凶者，吉冠有纓兩條，結於頤下，凶冠止有一條，屬於武而右縫，義也。練冠、小祥之冠，雖微入吉，猶條屬，與凶冠不異。右縫者，以纓之上端縫綴於武之右邊也。繰纓，散絲纓也。大功以上散帶者，小斂後，主人拜賓，襲絰於序東，小功以下皆絞之。大功以上散此帶垂，不忍即絞，至成服乃絞也。

朝服十五升，去其半而緦；加灰，錫也。

緦不詳言有事其縷、無事其布，錫不詳言無事其縷、有事其布，而但云朝服十五升，去其半，則真成七升半矣。後人但知緦、錫皆七升半，此記誤之也。加灰即有事也，然以為緦加灰亦非，緦固於縷已加灰矣。錫，滑易也。

諸侯相襚，以後路與冕服。先路與褒衣，不以襚。

不以己之正服襚人，以彼不以為正服用也。後路，路車之次者。冕服，命服之次者。

遣車視牢具。疏布輤，四面有章，置於四隅。

遣車，送葬載牲體之車，牢具牛羊豕各一也，其多少各從其命數。士無遣車，未王命也。其所包少牢三個，持之而已。疏布，粗布也。輤，遣車之蓋也。章，古障字，蔽也。置於四隅，入壙則置所包牲體於槨之四隅也。

載糗，有子曰：「非禮也。喪奠，脯醢而已。」

糗，餱糧也。遣車載牢具，猶大饗之禮，卷三牲之俎，送歸賓館也，故載糗為非禮。黍稷等具於明器，不必載糗也。遣奠用牲體，亦脯醢之義，故又以為況。

祭稱孝子、孝孫，喪稱哀子、哀孫。

祭，吉禮；喪，凶禮，故各以義稱。

端衰，喪車，皆無等。

端衰，謂斬齊之衰，準吉服布端為之。喪車惡車無等，自天子至庶人同也。然但言衰則弁冠有等，但言車則凡物之有等者亦多矣。又周官巾車天子喪車有五等，蓋此止據始遭喪言，且車雖無二制，而貴賤不同，則自卒哭後固不能無別也。

大白冠，緇布之冠，皆不蕤。委武玄縞而後蕤。

大白冠，大古之冠，與緇布冠皆缺項者也。不蕤，質無飾也。委，委貌也。武冠，卷也。玄，玄冠，禮冠也。縞，縞冠，既祥冠也。而後蕤皆不屬武，故有蕤也。

大夫冕而祭於公，弁而祭於己。士弁而祭於公，冠而祭於己。

冕，玄冕，弁，爵弁，冠，玄冠。祭於公，助祭也。於己，私祭為主也。

士弁而親迎，然則士弁而祭於己可也。

此說非也。昏禮事大而暫，孔子以為天子諸侯以承天地社稷宗廟之重，故士亦可以攝盛祭，常事也，豈可僭乎？

暢臼以椈，杵以梧。

暢，鬱鬯也。以其芬芳條暢，故即以暢名。血杵，所以搗鬯。椈，柏也。梧，桐也。柏香桐潔，以為杵血而搗鬯，敬神也。

枇以桑，長三尺；或曰五尺。畢用桑，長三尺，刊其柄與末。

枇即匕也，所以載牲體。或曰五尺，其大者有長五尺也。用桑，喪祭用之，若吉祭則用棘。畢亦匕也，所以助主人載者。凡牲體在鑊，以枇升入於鼎，又以枇載之於俎，刊削也。

率帶，諸侯、大夫皆五采；士二采。

此襲尸之大帶也。率縪，緝也，二采朱綠也。襲事成於帶，然士喪禮緇帶與此異，且諸侯、大夫無別，亦可疑。記言或未盡是。

醴者，稻醴也。甕甒筲衡，實見間而後折入。

此謂葬時藏物也。稻醴，稻米所為之醴。甕盛醯醢，甒盛醴酒，筲盛黍稷。衡，桁之橫者也。桁以大木為之，置於地，以庪甕甒之屬者。見棺衣也，即帷

荒加於棺，則棺不復見，惟見此耳，故名實見間。以諸物實見外槨內二者，義間也。折，承席也。方鑿，連木為之，縮三橫五，加壙上以承抗席者。

重，既虞而埋之。

埋於祖廟隙地，餘詳《檀弓》。

凡婦人，從其夫之爵位。

婦人無專制，生禮死事，皆以夫為尊卑。

小斂、大斂、啟，皆辯拜。

啟，啟殯載柩也。辯，古徧字。三者皆喪之大節，死者必要事生者之至痛也。惟君來則止事而出拜之，他客至則不止事，事竟乃即堂下之位徧拜之。若士當事而大夫至，則士亦為大夫，出雜記大夫至，絕踊而拜之是也。嫌當事者終事不拜，故明之。

朝夕哭，不帷。無柩者不帷。

朝夕哭，不帷緣孝子之心，欲見殯殣也。哭時帟其帷，事畢仍下之，鬼神尚幽闇也。無柩，謂既葬也。神既入室，堂無事焉，故去帷不用也。

君若載而後弔之，則主人東面而拜，門右北面而踊。出待，反而後奠。

載柩，已下堂載車也。君弔位在車東，東面。車西，賓位也。門右，門西也。主人拜踊於賓位，不敢迫君也。出待者，先出門待君拜送，不敢必君留也。反，君反之，使奠也。

子羔之襲也：繭衣裳與稅衣纁袡為一，素端一，皮弁一，爵弁一，玄冕一。曾子曰：「不襲婦服。」

繭衣裳，即長襦也。纊為繭，縕為袍，衣裳相連之大褶也。稅衣、黑衣，亦衣裳連，若玄端也。纁，絳也。袡，裳下緣也。以繭衣裳為裏，稅衣、纁袡為表，合為一稱也。素衣之白者，端端衣裳也。皮弁，以十五升布為衣。侈袂，又積素為裳也。爵弁，玄衣、侈袂、纁裳。玄冕，玄端衣、黼裳，三命服也。禮以冠名服，此止襲其服，不用冠也。子羔未聞為大夫襲用三命服，且五稱，未詳也。豈玄冕為君賜歟？纁袡，婦服，非男子所當襲，故曾子譏之。

為君使而死，於公館，復；私館不復。公館者，公宮與公所為也。私館者，自卿大夫以下之家也。

公宮，如離宮、別館，餘詳《曾子問》。

公七踊，大夫五踊，婦人居間，士三踊，婦人皆居間。

公，君也，始死及小斂、大斂而蹦，君、大夫、士一也，則皆三踊矣。君五日而殯，合死日為六日；大夫三日而殯，合死日為四日；皆每日朝踊，惟小斂當晚日再踊。士明日殯，合死日為二日。婦人居間者，凡踊必拾，主人踊，婦人踊，賓乃踊。每踊輒三者，三而九為一踊，貴者多而賤者少，隆殺之差也。

公襲：卷衣一，玄端一，朝服一，素積一，纁裳一，爵弁二，玄冕一，褒衣一。朱綠帶，申加大帶於上。

公，上公也。襲衣九稱，依命數也。朱綠帶者，襲衣之帶飾之，雜以朱綠，異於生也。此帶亦以素為之，申重也。生時有革帶以繫佩，襲不用佩，故以朱綠帶代革帶，又加大帶備二帶也。然九稱之衣雜亂無次，疑有錯誤。卷衣即九章之衣，上公至尊之服也。玄端，燕居之服。朝服，朝食之服。素積，日視朝之服。服與朝食同，但朝食不必素積耳。纁裳即爵弁服，又云爵弁二，則不如省纁裳而云爵弁三矣。且公襲非無正服，又何必爵弁獨二乎？公之玄冕當有五，自袞衣以下皆玄冕也，而止言無章卿大夫之服，非也。褒衣者，玉命所特賜，生時所不敢服者，然公之褒衣當無過於袞衣矣。既言卷衣，又言褒衣，亦非也。袞衣一下當云褘冕四，爵弁一，皮弁一，玄端一，素端一，方合。蓋五冕為公正服，必不可廢也。

小斂環絰，公大夫士一也。

環絰，一股之纏絰也。親始死時，子去冠，至小斂不可無飾，故士素冠，大夫以上素弁，而皆加環絰也。

公視大斂，公升，商祝鋪席，乃斂。

商祝：喪祝，主斂事者。臣之喪，將大斂，既鋪絞、紟、衾，聞君至，則撤去之。侯君升，乃更鋪席。榮君至，改新之。若事由君也。

魯人之贈也：三玄二纁，廣尺，長終幅。

記：魯之失也。贈，謂以幣送亡人於槨中。士喪禮：贈用制幣，玄纁束帛。今魯雖三玄二纁，而不復廣二尺二寸，長文八尺，則不誠而非禮矣。

弔者即位於門西，東面；其介在其東南，北面西上，西於門。主孤西面。相者受命曰：「孤某使某請事。」客曰：「寡君使某，如何不淑！」相者入告，出曰：「孤某須矣。」弔者入，主人升堂，西面。弔者升自西

階，東面，致命曰：「寡君聞君之喪，寡君使某，如何不淑！」子拜稽
顙，弔者降，反位。

　　門，畢門也。門西，門外之西，主孤西面立阼階也。受命，受主人請事於
客之命。如何不淑，弔詞也。言如何不善而遭凶喪也。須矣，不出迎也。子，
即孤也。反位，門西位也。自此以下至終篇，記諸侯相弔、含、贈、賵諸禮。

　　含者執璧將命曰：「寡君使某含。」相者入告，出曰：「孤某須矣。」
含者入，升堂，致命。再拜稽顙。含者坐委於殯東南，有葦席；既葬，
蒲席。降，出，反位。宰朝服，即喪屨升自西階，西面，坐取璧，降自
西階以東。

　　含之執璧，猶賵之執圭也。宰朝服，受璧之禮也。夫字衍文。

　　襚者曰：「寡君使某襚。」相者入告，出曰：「孤某須矣。」襚者執
冕服；左執領，右執要，入，升堂致命曰：「寡君使某襚。」子拜稽顙。
委衣於殯東。襚者降，受爵弁服於門內霤，將命，子拜稽顙，如初。受
皮弁服於中庭。自西階受朝服，自堂受玄端，將命，子拜稽顙，皆如初。
襚者降，出，反位。宰夫五人，舉以東。降自西階。其舉亦西面。

　　委衣，亦於席上服之，上者在前，以次委之也。授襚者以服者，賈人也，
亦西面，亦襚者委衣之西面也。弔者上客，賵者上介，含者襚者，皆其介之
次也。

　　上介賵：執圭將命，曰：「寡君使某賵。」相者入告，反命曰：「孤
某須矣。」陳乘黃大路於中庭，北輈。執圭將命。客使自下，由路西。
子拜稽顙，坐委於殯東南隅。宰舉以東。

　　乘黃，四馬皆黃也。大路，後路也。輈，轅也。客，使客之陳車馬之從者
也。下，馬之南也。乘馬在路南，四亞之。委，委圭也。宰，冢宰也。

　　凡將命，鄉殯將命，子拜稽顙。西面而坐，委之。宰舉璧與圭，宰
夫舉襚，升自西階，西面，坐取之，降自西階。賵者出，反位於門外。

　　凡，凡言所不盡者也。鄉殯，凡所將命，皆由死者也。

　　上客臨曰：「寡君有宗廟之事，不得承事，使一介老某相執綍。」相
者反命曰：「孤某須矣。」臨者入門右，介者皆從之，立於其左東上。宗
人納賓，升，受命於君；降曰：「孤敢辭吾子之辱，請吾子之復位。」客
對曰：「寡君命某，毋敢視賓客，敢辭。」宗人反命曰：「孤敢固辭吾子

之辱，請吾子之復位。」客對曰：「寡君命某，毋敢視賓客，敢固辭。」宗人反命曰：「孤敢固辭吾子之辱，請吾子之復位。」客對曰：「寡君命使臣某，毋敢視賓客，是以敢固辭。固辭不獲命，敢不敬從。」客立於門西，介立於其左，東上。孤降自阼階，拜之，升哭，與客拾踊三。客出，送於門外，拜稽顙。

客，弔者也。臨，視也。言欲入視喪所不足而給助之，謙也。其實為哭耳。入門右，不自同於賓也。賓三辭而稱使臣，為恭也。為恭，將從命也。孤降級拜，拜客厚意也。不迎而送喪，無接賓之禮也。

其國有君喪，不敢受弔。

臣有君喪而又有親喪，則以義斷恩，不敢受他國賓之弔，其親喪亦避疑君之嫌也。

外宗房中南面，小臣鋪席，商祝鋪絞紟衾，士盥於盤北。舉遷尸於斂上，卒斂，宰告子，馮之踊。夫人東面坐，馮之興踊。

此《喪大記》脫文重出，義詳《喪大記》。

士喪有與天子同者三：其終夜燎，及乘人，專道而行。

乘人，人引車也。專道，喪在路，不避人也。三事重，故上下同。

禮記卷二十一　雜記下

　　有父之喪，如未沒喪而母死，其除父之喪也，服其除服。卒事，反喪服。

　　沒猶竟也。除服，祥祭之服。服除服，以卒事而後反喪服，示前喪有終也。

　　雖諸父昆弟之喪，如當父母之喪，其除諸父昆弟之喪也，皆服其除喪之服。卒事，反喪服。

　　雖有親之重喪，猶為輕服。除者，骨肉之恩也。惟君喪不除私服，以義厭恩也。言當者，期、大功之喪，或終始皆在三年中，小功、緦不除，殤長中乃除也。

　　如三年之喪，則既穎，其練祥皆行。

　　穎，枲名，即纅也。無葛之鄉，去麻用穎，練、祥行者補祭，非除服也。既穎行，知未穎不得行也。三年之喪行，知餘喪不得行也。祭與除服，事雖相聯，而義不相蒙，故小記曰祭不為除喪也。蓋遭變則廢舉，各以義起矣。有君喪服，則私服不得除，而練、祥可追舉，曾子問君之喪服除而後殷祭是也。並是私服，則前喪服皆得除，而祭惟重喪可追舉，此記是也。凡虞、卒哭，男子易要経，女子易首経，則以葛易麻。

　　王父死，未練祥而孫又死，猶是附於王父也。

　　未練祥，嫌未入廟，猶祭於寢，不可祔也。然王父已祔廟，則孫即可祔於王父之寢。

　　有殯，聞外喪，哭之他室。入奠，卒奠，出，改服即位，如始即位之禮。

－319－

有殯，有父母喪未葬也。外喪、兄弟喪在遠方者，哭之他室。不於殯宮，明所哭者為新喪也。哭之為位，若同國，雖緦必往，不必哭於他室也。入奠，謂朝入奠於殯所也。奠畢出，改重喪服，用新死未成服之服，即他室之位，如昨日聞喪即位禮也。

大夫、士將與祭於公，既視濯，而父母死，則猶是與祭也，次於異宮。既祭，釋服出公門外，哭而歸。其他如奔喪之禮。如未視濯，則使人告。告者反，而後哭。如諸父昆弟姑姊妹之喪，則既宿，則與祭。卒事，出公門，釋服而後歸。其他如奔喪之禮。如同宮，則次於異宮。

視濯，祭日前夕事也。猶是與祭，以既與吉事，不敢遽離吉所也。次於異宮，不執事，且待事畢也。告者反而後哭，待君命也。與祭執事，旁服差緩，仍執事也。同宮，同居共財者。

曾子問曰：「卿大夫將為尸於公，受宿矣，而有齊衰內喪，則如之何？」孔子曰：「出舍乎公宮以待事，禮也。」孔子曰：「尸弁冕而出，卿、大夫、士皆下之。尸必式，必有前驅。」

俱詳《曾子問》。

父母之喪，將祭，而昆弟死；既殯而祭。如同宮，則雖臣妾，葬而後祭。祭，主人之升降散等，執事者亦散等。雖虞附亦然。

祭，練祥之祭也。昆弟，謂小功以下兄弟異居者。等，階之級也。散等，不拾級聚足也。

自諸侯達諸士，小祥之祭，主人之酢也嚌之；眾賓兄弟，則皆啐之。大祥：主人啐之，眾賓兄弟皆飲之，可也。

酢，賓長酢主人也。嚌、啐皆嘗也。嚌至齒，啐入口。神惠重，故虞祭受尸酢，亦卒爵。賓禮輕，故練祭受賓酢，但嚌之。禮，虞不致爵，小祥不旅酬，大祥無無算爵。

凡侍祭喪者，告賓祭薦而不食。

侍，猶相也。薦，薦脯醢也。吉祭告賓，祭薦賓，既祭而食之。喪祭，賓不食，哀不忍也。此亦謂練祥之祭，虞祔不獻賓也。

子貢問喪，子曰：「敬為上，哀次之，瘠為下。顏色稱其情；戚容稱其服。」請問兄弟之喪，子曰：「兄弟之喪，則存乎書策矣。」君子不奪人之喪，亦不可奪喪也。

敬以盡禮，哀以盡情。蓋敬無不哀，哀無不瘠。若徒瘠，則鮮食可也。兄弟，小功以下兄弟也。親既疏而服亦輕，故哀情戚容，不必求備，但循書策以備禮文可耳。餘詳《曾子問》。

孔子曰：「少連、大連善居喪，三日不怠，三月不解，期悲哀，三年憂。東夷之子也。」

言居喪之情，無不順時稱禮。

三年之喪，言而不語，對而不問：廬，堊室之中，不與人坐焉；在堊室之中，非時見乎母也，不入門。疏衰皆居堊室不廬。廬，嚴者也。

言，言己事也。為人說為語，此與閒傳唯而不對，對而不言異者，時有隆殺，人有親疏，不必盡同也。不語不問，哀有不暇也。不與人坐，哀所獨也。時如朝外問安之屬，及有事往見也。在堊室，乃有時見，則居廬不入門也。廬，哀敬之處，非有其實則不居。

妻視叔父母，姑姊妹視兄弟，長、中、下殤視成人。

視，同也，所同者，哀容居處也。此言服之輕重雖稍異而哀略同。

親喪外除，兄弟之喪內除。

外謂服，內謂心。外除服雖除，而哀未忘也。內除服輕者，不惟外除，而內亦除，所謂存乎書策也。

視君之母與妻，比之兄弟。發諸顏色者，亦不飲食也。

言小君之喪，其內除與小功兄弟同，但不使醉飽見於顏色而已。視字贅，當刪。

免喪之外，行於道路，見似目瞿，聞名心瞿。弔死而問疾，顏色戚容必有以異於人也。如此而後可以服三年之喪。其餘則直道而行之，是也。

似，容貌似父母也。名，人名。與親同者，異於人，異於無喪之人也。餘則直道而行者，其孝行肫至如此，則百行推此而直行皆善矣。義與論語君子務本，本立而道生相似。然服字不詞，當改稱字。

祥，主人之除也，於夕為期，朝服。祥因其故服。

夕，祥祭前夕也。為期，為祭期也。祥為吉祭前夕，當視濯省牲，不得仍練服，故除之而朝服也。祥固其故服者，至明日祥祭，仍前夕之朝服也。朝服，正祭即吉服也。其服緇衣、素裳、縞冠，祭猶縞冠，未純吉也。既祭，乃服縞

冠，素紕而麻衣，祥後之服也。禫祭玄冠玄衣，玄衣即朝服也，與吉祭同。既禫祭，乃服朝服綏冠，綏絳色。踰月吉祭，既祭則復初矣。

子游曰：「既祥，雖不當縞者必縞，然後反服。」

縞，縞冠。素紕，麻衣也。言親喪既祥，猶有他喪未除，然以祥故，必當服既祥之服，然後反服他喪服也。

當祖，大夫至，雖當踊，絕踊而拜之，反改成踊，乃襲。於士，既事成踊，襲而後拜之，不改成踊。

事，謂殯時視牢、設熬、卒塗、置銘諸事也。士喪禮：大斂畢，主人奉尸斂於棺，踊如初，乃蓋。主人降拜大夫之後至者，北面視牢、設熬、卒塗、置銘、復位、踊、襲，即此也。入棺及加蓋時，當踊不絕，以降拜大夫故絕也。加蓋則殯畢，若方殯，雖大夫至，不降拜。檀弓大夫弔，當事而至，則辭是也。反改成踊者，以加蓋時拜大夫而絕踊，則前踊未終，今還更成之也。於士則直至置銘、踊、襲後，然後拜之，不改成踊也。若當大小斂及殯，則大夫已辭之，亦既事而後拜，與士同也。

上大夫之虞也，少牢。卒哭成事，附，皆大牢。下大夫之虞也，特牲。卒哭成事，附，皆少牢。

卒哭謂之成事。成，吉祭之始也，喪人之終也。卒哭與附，又喪之終事也，故禮有加隆焉。諸侯之上大夫再命，下大夫一命，與士同常事，各從其命數。

祝稱卜葬虞，子孫曰哀，夫曰乃，兄弟曰某，卜葬其兄弟曰伯子某。

稱，稱詞也。虞為葬之成事，故並言之。

古者，貴賤皆杖。叔孫武叔朝，見輪人以其杖關轂而輠輪者，於是有爵而後杖也。

關，穿也。輠，回也。作輪之人，以扶病之杖穿轂中，以回轉其輪，則杖失所用，鄙褻已甚矣。此記以為始於武叔，非也。《喪服傳》：賤者不杖。

鑿巾以飯，公羊賈為之也。

飯，含也。大夫以上賓為飯含，恐尸為賓所憎穢，故覆面之巾當口則穿鑿之，今捨得入口也。士親飯則當發巾露面，不可自穢其親，此公羊賈之偕禮，而又有穢其親之惡，亦記士失禮所由始也。

冒者何也？所以掩形也。自襲以至小斂，不設冒則形，是以襲而後

設冒也。

冒所以冒尸，襲而後設。冒者既襲，則必不可復生。死者體魄宜靜而之幽，不欲人見鬼歸之情也。故設冒以冒之，正事死如生之義。

或問於曾子曰：「夫既遣而包其餘，猶既食而裹其餘與？君子既食，則裹其餘乎？」曾子曰：「吾子不見大饗乎？夫大饗，既饗，卷三牲之俎歸於賓館。父母而賓客之，所以為哀也！子不見大饗乎！」

言父母本家之主，而送死之敬，同於賓客，正所以悲哀義也。

非為人喪，問與賜與？

此亦或人問也。下節為曾子答詞，記俱省問答耳。言問賜於人，非為其人之喪而問賜之，亦可問賜歟？問饋物以相問也，敵者曰問，卑者曰賜。

三年之喪，以其喪拜；非三年之喪，以吉拜。三年之喪，如或遺之酒肉，則受之必三辭。主人衰絰而受之。如君命，則不敢辭，受而薦之。喪者不遺人，人遺之，雖酒肉，受也。從父昆弟以下，既卒哭，遺人可也。

稽顙而後拜曰喪拜，拜而後稽顙曰吉拜。付，謂受問、受賜者也。衰絰而受，以見卻之則不恭，然未必食也。薦之，榮君賜也。喪以哀為主，故不遺人，必心有所樂而後有所施也。

縣子曰：「三年之喪，如斬。期之喪，如剡。」

如斬、如剡，言痛之惻怛有淺深也。

期之喪，十一月而練，十三月而祥，十五月而禫。

此言父在為母也。本三年之喪，為父厭故，其變除之差如此。

三年之喪，雖功衰不弔，自諸侯達諸士。

功衰即練衰，雖外輕而痛猶內重，故不暇弔人。

如有服而將往哭之，則服其服而往。

有服，己於新死者有服也。服其服，以奔喪親親之道，故往哭非弔也。

練則弔。既葬，大功弔，哭而退，不聽事焉。期之喪，未喪，弔於鄉人。哭而退，不聽事焉。功衰弔，待事不執事。小功緦，執事不與於禮。

此又辨有服者可弔之節。練，父在為母之練也。弔，亦以父在輕於出也。

既葬，則大功者可弔，明期以上雖既葬猶不弔也。聽，猶待也。事，若襲斂執紼之屬。期之喪，蓋謂為姑姊妹無主殯不在己族者。功衰，蓋亦即謂期喪既葬所受之功衰。執事，為擯相也。與禮，與饋奠之禮也。然詞義俱未別白，疑記者或雜舉衰世愆禮，亦未可知。

相趨也，出宮而退。相揖也，哀次而退。相問也，既封而退。相見也。反哭而退。朋友，虞附而退。

此弔者以恩薄厚為去遲速之節也。相趨者，但聞姓名，本不相識也。相揖，曾相會面也。相問，曾相惠遺也。相見，則執摯為禮矣。出宮柩，出祖廟之宮門也。哀次，大門外孝子之哀次也。

弔，非從主人也。四十者執紼：鄉人五十者從反哭，四十者待盈坎。

知生者弔，然弔非徒隨主人也，必助其喪葬之事。五十始衰，不能勝事，故窆竟即可從主人反哭而歸耳，餘當待填土滿坎也。若非鄉人而道遠者，乃可從主人歸。

喪食雖惡必充饑，饑而廢事，非禮也；飽而忘哀，亦非禮也。視不明，聽不聰，行不正，不知哀，君子病之。故有疾飲酒食肉，五十不致毀，六十不毀，七十飲酒食肉，皆為疑死。有服，人召之食，不往。大功以下，既葬，適人，人食之，其黨也食之，非其黨弗食也。功衰食菜果，飲水漿，無鹽酪。不能食食，鹽酪可也。孔子曰：「身有瘍則浴，首有創則沐，病則飲酒食肉。毀瘠為病，君子弗為也。毀而死，君子謂之無子。」

疑，猶恐也。既葬適人，人食之，往而見食則可食，為食而往則不可。黨，猶親也。非親而食，則是食於人無數也。功衰，齊斬之末也。酪，酢酨也。不能食，食鹽。酪可者，人有所不能，亦不可強也。皆以節於中制，不至為病焉耳。無子，猶非子也。

非從柩與反哭，無免於堩。

言喪服出入，非此二事皆冠也。免所以代冠，人於道路，不可無飾。

凡喪，小功以上，非虞附練祥，無沐浴。

雖小功之疏，不敢自潔飾，此親親之道所由隆也。有祭則不可以不齊戒，齊戒則不可以不沐浴。虞以前無尸而奠，未成乎祭也。祭，吉事也。雖喪祭，事神之始也。

疏衰之喪，既葬，人請見之，則見；不請見人。小功，請見人可也。大功不以執摯。唯父母之喪，不辟涕泣而見人。

見人，謂與人尋常相見執摯，則其禮又加虔矣。小功請見，亦謂既葬也。不辟涕泣，至哀無飾也。

三年之喪，祥而從政；期之喪，卒哭而從政；九月之喪，既葬而從政；小功緦之喪，既殯而從政。

從政，謂為大夫，此與《王制》不同者，《王制》為漢博士約舉之詞，非禮經也，當以此為正。

曾申問於曾子曰：「哭父母有常聲乎？」曰：「中路嬰兒失其母焉，何常聲之有？」

嬰猶鷖也。此亦謂始死時哀痛迫切之極而言，若至襲斂以後，俱當哭踊有節。

卒哭而諱。王父母兄弟，世父叔父，姑姊妹。子與父同諱。母之諱，宮中諱。妻之諱，不舉諸其側；與從祖昆弟同名則諱。

孝子聞名心瞿，凡不言人諱者，亦為其相感動也。子與父同諱，謂王父母之兄弟伯叔父姑姊妹，父諱之，則子在父側亦不敢舉其名也。此與檀弓逮事父母則諱王父母義正相發。蓋人子逮事父母，則於王父母親屬父母所諱者從諱焉，父母沒則不必更諱矣。宮中諱母，為宮中之主也。從祖昆弟服小功，本可不諱，因同名而諱之，亦擴充親親之意之一端也。

以喪冠者，雖三年之喪，可也。既冠於次，入哭踊，三者三，乃出。

喪冠有二：凡宗子及大夫以上，雖未成童，不可以未成人之服為喪主，嫌不成乎子也。故當喪即冠，而大夫以上無冠禮也。其非宗子及齊衰以下當冠者，必既葬乃冠於廬堊室之中，則因喪而之節也。冠本嘉禮，故喪冠必有節。而宗子以上之冠，則又因重喪禮而冠者也。義各不同，禮亦無考。據此，則冠時雖不同，而禮或同也。

大功之末，可以冠子，可以嫁子。父，小功之末，可以冠子，可以嫁子，可以取婦。己雖小功，既卒哭，可以冠，取妻；下殤之小功，則不可。

大功之末，可以冠、嫁，以己雖有大功，而子無服也。父小功之末，則己之父為子之祖，而婦又為父之孫婦矣。雖家統於尊，而吉凶之事彌多，故更可

以取婦也。既卒哭,即小功之末,此又以己身之服言之,皆以五服之親既眾,不得不稍為通融,以冠、取既不可後時,而變故之廢吉者,亦復不少也。下殤小功,本齊衰降服,故不可冠、嫁也。

凡弁経,其衰侈袂。

禮:再命受服,其服朝服。朝服必侈袂,所以別於眾庶,見官司之尊貴也。弁経,為大夫以上之喪服,故衰亦侈袂。雖凶喪同哀戚,而官民之別,不可廢也。

父有服,宮中子不與於樂。母有服,聲聞焉不舉樂。妻有服,不舉樂於其側。大功將至,辟琴瑟。小功至,不絕樂。

有服宮中,謂持服在家,未出而從吉也。不與於樂,以父哀戚未終,如從父諱於先祖之禮也。聲聞者,樂聲聞於耳而不避,則與於樂矣。舉,身作之也。不舉於其側,則不於其側亦可身作之矣。將至,來也。辟,除也。琴瑟,人所常御,因服大功者而為之去之,亦所以助哀也。小功服輕,故其來不為之鮑樂,然己有小功之喪,議而及樂,猶非禮也。

姑姊妹,其夫死,而夫黨無兄弟,使夫之族人主喪。妻之黨,雖親弗主。夫若無族矣,則前後家,東西家;無有,則里尹主之。或曰:主之,而附於夫之黨。

姑姊妹無子而寡死,夫黨又無人為主喪,而己不為主喪者,婦人外成,主之者必得夫之姓類也。里尹主之,喪無無主也。里尹、閭胥、里宰之屬,諸侯弔於異國之臣,則其君為主,里尹主之,亦此義。夫之黨,其祖姑也。或曰主之者,或人之說,以妻黨亦可主之,而為之祔,此說非也。

麻者不紳,執玉不麻。麻不加於采。

麻,首経也。紳,大帶也。喪以要経代大帶也。采若玄衣繡裳,麻不加采,吉凶不相干也。然麻、守俱混,當改経字。

國禁哭,則止朝夕之奠。即位自因也。

禁哭,謂大祭祀時雖不哭,猶朝夕奠。因,仍也。即位,自因即位而奠,仍故事也。

童子哭不偯,不踊,不杖,不菲,不廬。

偯,哀之餘聲也。童子未成人,不能備禮,又非當室為主,故然。

孔子曰:「伯母、叔母,疏衰,踊不絕地。姑姊妹之大功,踊絕於

地。如知此者，由文矣哉！由文矣哉！」

伯母叔母，義也。姑姊妹，骨肉也。疏衰大功，文也。踊絕不絕，情也。由，用也。文，禮文也。言知此文情之不同，乃為能用禮文也。然詞太軒輊，疑非聖人語，猶子雖云引而近之，亦本生於親親之情。

泄柳之母死，相者由左。世柳死，其徒由右相。由右相，世柳之徒為之也。

泄柳，魯穆公時人，亦記失禮所由始也。

天子飯，九貝；諸侯七，大夫五，士三。

飯，含飯也。士喪禮：貝三。餘未盡詳，疑當依命數，天子諸侯或用珠玉也。周官典瑞：大喪，共飯玉、含玉。

士三月而葬，是月也卒哭；大夫三月而葬，五月而卒哭；諸侯五月而葬，七月而卒哭。士三虞，大夫五，諸侯七。

士之三月，踰月之三月也。若其卒哭必三月，蓋是月或容卒哭耳，非謂葬畢即卒哭也，尚容有三虞矣。其葬即反虞，上下皆同。

諸侯使人弔，其次：含襚賵臨，皆同日而畢事者也，其次如此也。

言五者相次同時，其禮已前見。

卿大夫疾，君問之無算；士一問之。君於卿大夫，比葬不食肉，比卒哭不舉樂；為士，比殯不舉樂。

《喪大記》：君於大夫疾，三問之。此言無算，或有師保親舊加恩也。比葬之葬，疑殯字之誤。春秋傳知悼子卒，杜蕡諫鼓鍾而不諫飲酒，且自言刀匕是供，則食肉未越禮也。

升正柩，諸侯執綍五百人，四綍，皆銜枚，司馬執鐸，左八人，右八人，匠人執羽葆御柩。大夫之喪，其升正柩也，執引者三百人，執鐸者左右各四人，御柩以茅。

升正柩者，將葬朝於祖，正柩於廟也。羽葆，以鳥羽注於柄頭如蓋。匠人執，以指揮執綍人在柩前。御柩車者，則喪祝也。匠人，如天子匠師。引，即綍也。在柩曰綍人，引之以行曰引，互言之，大夫二綍，以茅為麾也。

孔子曰：「管仲鏤簋而朱紘，旅樹而反坫，山節而藻梲。賢大夫也，而難為上也。晏平仲祀其先人。豚肩不掩豆。賢大夫也，而難為下也。君子上不僭上，下不偪下。」

鏤簋，刻為蟲獸也。冠有笄者為紘，紘在纓處，兩端上屬，下不結。餘見禮器、郊特牲等篇。偪下，在其下者，不能更下也。

婦人非三年之喪，不逾封而弔。如三年之喪，則君夫人歸。夫人其歸也以諸侯之弔禮，其待之也若待諸侯然。夫人至，入自闈門，升自側階，君在阼。其他如奔喪禮然。

三年之喪，父母之喪也。婦人既嫁，則父母之服降而為期，猶稱三年，以正服言，且容有既嫁而反之時，亦仍服三年也。言三年，則兄弟之以期降大功者不得歸矣。然三年字究屬不詞，當改作父母踰封越竟也。歸，奔喪也。闈門，宮門之北門。側階，北階也。不入自南門，升自正階，異於女賓，以本女子子也。其他謂哭踊、髽麻如奔喪禮，然嫌夫人位尊，與卿大夫妻奔喪禮異也。

嫂不撫叔，叔不撫嫂。

撫謂撫尸，不撫猶不通問，不以生死異禮也。

君子有三患：未之聞，患弗得聞也；既聞之，患弗得學也；既學之，患弗能行也。君子有五恥：居其位，無其言，君子恥之；有其言，無其行，君子恥之；既得之而又失之，君子恥之；地有餘而民不足，君子恥之；眾寡均而倍焉，君子恥之。

弗聞則無由知，弗學則無由能，弗行則無由至，皆謂所當知行者也。既得又失，則雖嘗有其行，猶之乎無行也。顏淵得一善，則服膺勿失矣。地邑民居，必參相得，地有餘而民不足，則土荒民散矣。眾寡均而倍，謂役事猶人，而人之功倍於己也。非德不足以服人，則亦材不逮矣。

孔子曰：「凶年則乘駑馬。祀以下牲。」

言為人君者以凶年自貶損，亦取易供也。馬不良謂之駑，牲非純全謂之下。

恤由之喪，哀公使孺悲之孔子學士喪禮，士喪禮於是乎書。

時人展轉上僭士之喪禮已廢，此明禮所以書而不廢之由。

子貢觀於蠟。孔子曰：「賜也樂乎？」對曰：「一國之人皆若狂，賜未知其樂也！」子曰：「百日之蠟，一日之澤，非爾所知也。張而不弛，文武弗能也；弛而不張，文武弗為也。一張一弛，文武之道也。」

蠟，孟冬萬物告成之祭名。百日，亦約言之。凡農功，夏至而急雨，霜降而畢入，農務之勤，在此百日也。澤，謂勞農而休息之。張，以務農言；弛，

以息農言。

孟獻子曰：「正月日至，可以有事於上帝；七月日至，可有事於祖。」七月而禘，獻子為之也。

正月、七月皆周正。正月日至，冬日至也；七月日至，夏日至也。有事上帝，祀天於圜丘也；有事於祖，祫祭后稷，以文武配也。獻子之言，一秉周禮。七月而禘，獻子無其事，乃是僖公時致夫人為之記，歸之獻子，誣妄已甚。且有事於祖，並非禘祭，亦謬也。

夫人之不命於天子，自魯昭公始也。

此亦不實之說。昭公自娶同姓，不可告於天子耳，豈天子之不命乎？且魯自襄公，即未娶夫人，則其失亦不自昭公始。

外宗為君夫人，猶內宗也。

為君斬衰，為夫人齊衰，國中卿大夫之服也。既曰君夫人，則不論內外宗，或命婦，或非命婦，皆當從其夫之服，不得以其戚戚君夫人也。

廄焚，孔子拜鄉人為火來者。拜之，士壹，大夫再。亦相弔之道也。

來，來弔也。

孔子曰：「管仲遇盜，取二人焉，上以為公臣，曰：『其所與遊辟也，可人也！』管仲死，桓公使為之服。宦於大夫者之為之服也，自管仲始也，有君命焉爾也。」

遊，猶文也。辟，古僻字，邪僻也。可堪，可也，言其人可使為士大夫也。宦，猶仕也。禮，違大夫之諸侯不反服，此亦記禮之變，由於舉賢得人也。

過而舉君之諱，則起。與君之諱同，則稱字。

過，猶誤也。舉，猶稱也。君之諱，蓋謂君之私諱，非君名也。若先君之名訓，為臣者固與君同諱矣，起立者失言而變以自新也。

內亂不與焉，外患弗辟也。

謂卿大夫也。內亂不與，如同僚將為亂已，力不能討，則出奔可也。至鄰國為寇，則當為君死難，然上句終有語病。

贊，大行曰圭。公九寸，侯、伯七寸，子、男五寸。博三寸，厚半寸。剡上，左右各寸半，玉也。藻三采六等。

贊，助也。大行，周官大司寇之屬，大行人也。蓋助大行人為相，或為

使，所當曉習之禮事。藻藉玉者，三采朱、白、蒼六等，畫之再行也。子男執璧，記並言之，不為別白，誤也。

哀公問子羔曰：「子之食奚當？」對曰：「文公之下執事也。」

食，如易食舊德之食。奚當問其先人始仕食祿當何君？時執事謂為大夫。

成廟則釁之。其禮：祝、宗人、宰夫、雍人，皆爵弁純衣。雍人拭羊，宗人視之，宰夫北面於碑南，東上。雍人舉羊，升屋自中，中屋南面，刉羊，血流於前，乃降。門、夾室皆用雞。先門而後夾室。其衈皆於屋下。割雞，門當門，夾室中室。有司皆鄉室而立，門則有司當門北面。既事，宗人告事畢，乃皆退。反命於君曰：「釁某廟事畢。」反命於寢，君南鄉於門內朝服。既反命，乃退。路寢成則考之而不釁。釁屋者，交神明之道也。凡宗廟之器。其名者成則釁之以豭豚。

廟新成，必釁之，尊而神之也。宗人先請於君曰：請命以釁其廟。君諾之，乃行。宰夫攝主，故居上拭淨之也。其衈，謂將刉割牲以釁，先滅耳旁毛以薦神也。耳以聽聲，故以耳旁毛告神，亦若神之聽之也。有司，宰夫祝宗人也。告事畢，告宰夫也。君朝服者，不至廟也。路寢，生人所居，故無事於釁。考之，設盛食以落之也。名器，若尊彝之屬，豭牡也。純衣，絲衣，玄纁衣裳也。屋，堂上之屋。門，若畢門。夾室，東西列室也。中室，其列室之中室也。知非奧突室者，左右翼統於堂也。

諸侯出夫人，夫人比至於其國，以夫人之禮行；至，以夫人入。使者將命曰：「寡君不敏，不能從而事社稷宗廟，使使臣某，敢告於執事。」主人對曰：「寡君固前辭不教矣，寡君敢不敬須以俟命。」有司官陳器皿；主人有司亦官受之。

行道以夫人之禮，棄妻必待致命其家，義乃絕也。前詞不教，謂納采時詞也。器皿，其本所齎物也。雲官，陳官。受，明付受悉如法也。棄妻界所齎，律法然。

妻出，夫使人致之曰：「某不敏，不能從而共粢盛，使某也敢告於侍者。」主人對曰：「某之子不肖，不敢辟誅，敢不敬須以俟命。」使者退，主人拜送之。如舅在，則稱舅；舅沒，則稱兄；無兄，則稱夫。主人之辭曰：「某之子不肖。」如姑姊妹，亦皆稱之。

此卿大夫以下出妻事也。誅，猶罰也。稱舅稱兄，有父兄在，則命當由尊

者也。然夫之父兄，遣人致命之詞，未聞姑姊妹亦稱不肖，嫌尊有別稱，故並詳之。

孔子曰：「吾食於少施氏而飽，少施氏食我以禮。吾祭，作而辭曰：『蔬食不足祭也。』吾飧，作而辭曰：『蔬食也，不敢以傷吾子。』」

少施氏，魯惠公子施父之後。饗強飯，以答主人之意也。傷，猶云煩也，言蔬食不煩致飽也。

納幣一束：束五兩，兩五尋。

納幣即昏禮納徵，以物曰幣，以義曰徵。十個為束，貴成數，取天數五，地數五，又相得而各有合也。八尺曰尋，每卷二丈，合成四十尺，所謂匹偶也。

婦見舅姑，兄弟、姑姊妹，皆立於堂下，西面北上，是見已。見諸父，各就其寢。

是見已者，見之所主，本在舅姑之尊，故兄弟以下，皆在舅姑堂下。婦自南門入見舅姑時，皆過而見之，即為已見，不復特就見也。諸父亦夫之諸父也，旁尊則改日各就其寢見之，亦為見時不來也。

女雖未許嫁，年二十而笄，禮之，婦人執其禮。燕則鬈首。

女子許嫁而笄，則主婦及女賓為笄禮。主婦為之著笄，女賓以醴禮之。若未許嫁，年二十亦為成人，故亦以禮笄之也。婦人，即主婦、女賓也。燕，燕居也。鬈首，分髮為髻，紒也。

韠：長三尺，下廣二尺，上廣一尺。會去上五寸，紕以爵韋六寸，不至下五寸。純以素，紃以五采。

會，領上縫也，去猶離也，上謂頸也，以其在上下總會之處，故以會名也。上緣謂之會，旁緣謂之紕，紕六寸，中執之表裏各三寸也。下緣謂之純，紕下所不至者五寸，與會去上同也。紃，絛也，施諸合韋之縫。餘《玉藻》已詳。